Fabian Vogt (Hg.)
Zwischen Beffchen und Bierzelt

Fabian Vogt (Hg.)

Zwischen Beffchen und Bierzelt

Gott feiern im öffentlichen Leben

Ideen für die Praxis

neukirchener

MIX
Papier | Fördert gute Waldnutzung
FSC® C018236
FSC www.fsc.org

Bibliografische Information der Deutschen Nationalbibliothek:
Die Deutsche Nationalbibliothek verzeichnet diese Publikation in der Deutschen Nationalbibliografie; detaillierte bibliografische Daten sind im Internet über http://dnb.d-nb.de abrufbar.

Umschlaggestaltung: Grafikbüro Sonnhüter, www.grafikbuero-sonnhueter.de, unter Verwendung eines Bildes © Marish (shutterstock.com)
Lektorat: Anna Böck
DTP: Burkhard Lieverkus, Wuppertal
Verwendete Schriften: Chapparal Pro, Myriad Pro
Gesamtherstellung: Drukarnia Dimograf Sp. z o.o., Bielsko-Biała
Printed in Poland
ISBN 978-3-7615-7007-4

www.neukirchener-verlage.de

Inhaltsverzeichnis

Das Downloadmaterial für dieses Buch finden Sie unter:

https://neukirchener-verlage.de/
system-menu-oben/service/download-material.html

Passwort: Bierzeltromantik

Editorial

Der Apostel Paulus ist überzeugt: „Das ganze Leben sollte ein Gottesdienst sein!“ (Nach Römerbrief 12,1.) Klingt gut. Finde ich. Denn es bedeutet auch: Das ganze Leben eignet sich, um es als Gottesdienst zu feiern. Nicht nur in der Kirche, sondern auch im öffentlichen Raum. Wie schön!

Tatsächlich gehören solche Angebote an vielen Orten seit langem dazu: Regelmäßig feiern Gemeinden zu besonderen Anlässen besondere Gottesdienste, sei es bei der Einweihung eines Feuerwehrautos, zum Beginn einer Fußball-Meisterschaft ... oder als Trost nach katastrophalen Ereignissen. Und in den vergangenen Jahren sind sogar völlig neue Formate dazugekommen: Drop-In-Taufen am Baggersee, Spontan-Hochzeitsfestivals im Weinberg, Segenspartys zum Valentinstag oder Andachten zu aktuellen Blockbustern im Kino.

Das Spannende dabei ist: Je nach Anlass unterscheiden sich diese „außergewöhnlichen“ Gottesdienste deutlich von dem, was sonst klassisch-liturgisch am Sonntagmorgen geschieht. Es gibt eben an der Kläranlage keine Orgel. Die Vorstellung im Filmpalast findet am Abend statt und der Biergarten öffnet meist erst ab 14 Uhr. Vor allem aber feiern bei diesen Angeboten oft viele Menschen mit, die mit den üblichen Abläufen eines sonntäglichen Gottesdienstes nicht oder nicht mehr vertraut sind.

Gottesdienste sind öffentliche Events

In diesem Buch behaupten wir frech: Solche Gottesdienste zu besonderen Gelegenheiten sind Events. Man könnte für sie auch den theologischen Begriff „Kasualie" verwenden – von lateinisch „Kasus", der Fall. Doch damit werden üblicherweise nur die bekannten Kasualien „Taufe", „Trauung" und „Beerdigung" bezeichnet. Letztlich meint „Kasualie" aber nichts anderes als einen besonderen Anlass, der theologisch begleitet wird, sprich: ein geistliches Event. Das Entscheidende an solchen Gottesdiensten ist dabei nach unserem Verständnis nicht die spektakuläre Lightshow, die Mega-Tanzinszenierung oder die besonders experimentelle zeitgenössische Musik, sondern die Tatsache, dass die Mitwirkenden sich speziell auf diesen „Fall", also auf einen Kasus, vorbereiten.

Zu den bekannten Kasualien findet sich schon jetzt viel Literatur, dagegen sind andere kirchliche Events bislang kaum erforscht. Deshalb präsentiert „Zwischen Beffchen und Bierzelt" eine kleine, unterhaltsame „Theologie des Events". Es spürt den Spielregeln und Rahmenbedingungen nach, unter denen öffentliche Gottesdienste funktionieren. Und es fragt, ob und wie auch unsere Gemeinde-Gottesdienste von solchen Erfahrungen profitieren können. Denn viele Eigenschaften, die Event-Gottesdienste auszeichnen, werden im Zuge der kirchlichen Veränderungsprozesse immer stärker auch für tradierte Angebote gelten: Sie können kaum noch Vorwissen bei den Gästen voraussetzen, sie müssen an die den Menschen vertrauten Kommunikationsformen anknüpfen, und sie sollten die Bedürfnisse ihrer jeweiligen Zielgruppe in den Blick nehmen.

Von der Vielfalt gestalterischer Möglichkeiten

Nach einer kurzen Einführung ins Thema kommen in diesem Buch vor allem engagierte Praktikerinnen und Praktiker zu Wort. Sie stellen 21 profilierte und stilbildende Gottesdienste im öffentlichen Raum vor: vom Whiskey-Tasting bis zur Eröffnung des Dorffestes, von der Autokino-Feier bis zur Theater-Vesper, von der spirituellen Valentinstag-Aktion bis zur Camping-Kirche und von der feierlichen Einschulung bis zum Tauffest. Modelle, die jeweils etwas vom Geheimnis „öffentlicher" Gottesdienste aufzeigen. Wobei die Bandbreite der ausgewählten Modelle große Events in der Zivilgesellschaft genauso einschließt wie kirchliche Veranstaltungen für spezielle Zielgruppen – die sich aber ebenfalls bewusst als Angebote verstehen, die kulturell offen sein wollen.

Derartige Event-Gottesdienste sind für die Kirche ein nachhaltiges Erfahrungsfeld, weil sie die Vielfalt gestalterischer Möglichkeiten aufzeigen, und weil sie Lust machen, die christliche Botschaft in Situationen einzubringen, die oftmals von ganz konkreten Fragen und Sehnsüchten des Alltags geprägt sind. Das zumindest erleben die vielen Mitwirkenden dieses Buches, denen ich für ihr großartiges Engagement vor Ort und natürlich für ihre jeweiligen Beiträge danke; Beiträge, in denen sie nicht nur von Jubelmomenten, sondern auch von den Herausforderungen erzählen, die solche Event-Gottesdienst mit sich bringen.

Ich bin überzeugt: Sie werden als Leserinnen und Leser auf vielfältige Weise inspiriert!

Herzlich,

Fabian Vogt

Herausgeber, Pfarrer und Referent für Evangelisation bei midi, der Zukunftswerkstatt von Kirche und Diakonie.

Die Kraft der Event-Gottesdienste

Wir waren eingeladen, Gottesdienste anzubieten. 2017. Auf der Weltausstellung „Reformation" in Wittenberg. Am Sonntagmorgen. Es kam aber niemand! Zumindest fast niemand. Kein Wunder: Wenn jemand an einem Sonntag nach Wittenberg fährt, dann will er verständlicherweise in die Schlosskirche (an deren Tür Martin Luther seine berühmten 95 Thesen angenagelt haben soll) … oder in die Stadtkirche (an der der Reformator viele hundert Mal gepredigt hat). Bestimmt nicht zur LichtKirche, einem mobilen Sakralbau aus Plexiglas, der als einer der Pavillons der Weltausstellung hier stand. Na klasse!

Bis einer der nächtlichen Security-Männer uns lächelnd erzählte: „Wisst ihr eigentlich, dass jeden Abend, wenn es dunkel wird und eure Kirche kunstvoll illuminiert ist, hier unzählige Menschen auftauchen, um diesen fantastisch leuchtenden Anblick zu genießen? Vor allem freitags ist alles überfüllt!" Wussten wir nicht! Aber verrückt war es schon: Sonntags um 11 Uhr kam kaum jemand, freitags um 21.30 Uhr strömten die Menschen von allein – und sogar ohne Gottesdienst – zur Kirche. Na klasse!

Also verlegten wir unsere Gottesdienste vom Sonntag kurzerhand auf Freitag, 21.30 Uhr, nannten das Angebot „Church@Night“ und dachten uns: „Wir nehmen das mit den 7 Prozent Protestanten in der Region mal ernst. Wir feiern einen Gottesdienst, für den niemand Vorkenntnisse braucht. Sprich: Wer an der LichtKirche feiert, muss keine Lieder kennen (die üben wir gegebenenfalls), er braucht keinen Sprachkurs „Kirchisch“ („Nach dem Gloria folgt nun die Epistel“), er muss kein Vaterunser können (das gibt's ausgedruckt ... mit der Einladung, probeweise mitzusprechen) und er muss die Geschichten der Bibel nicht für interessant halten (wir versuchen erfahrbar zu machen, was in ihnen steckt).“

Schon nach kurzer Zeit kamen jeden Freitag bei Einbruch der Dunkelheit Hunderte von Menschen zu Church@Night – nicht nur, weil die LichtKirche so traumhaft bunt erstrahlte. Es kam auch eine ziemlich bunte neue Zielgruppe, nämlich Interessierte aus der Region, von denen viele wenig bis gar keinen Bezug zur Kirche hatten. Und die feierten voller Freude, dass sie miterleben konnten, was Christinnen und Christen glauben, und dass es Geschichten gibt, die auch nach Jahrtausenden nichts von ihrer Faszination verloren haben. Vor allem aber standen die Haupt- und Ehrenamtlichen erstaunt da, weil diese Gottesdienste so wenig mit den normalen Sonntagsgottesdiensten zu tun hatten ... und sich trotzdem deutlich stärker nach Gottesdienst anfühlten als die gewohnten Angebote zuhause.

Wie wäre es mit einer neuen Haltung?

So eine Erfahrung verändert den Blickwinkel. Viele der Beitragenden in diesem Buch haben ähnliche Erfahrungen gemacht: dass Gottesdienste im öffentlichen Raum in vielerlei Hinsicht nach anderen Regeln funktionieren als klassisch-liturgische Angebote. Und dass diese Event-Regeln helfen, ein Handwerkszeug für die Kirche der Zukunft zu entwickeln. Schon deshalb, weil der überall spürbare kirchliche Traditionsabbruch dafür gesorgt hat, dass Jahrhunderte alte Selbstverständlichkeiten erst einmal vorbei sind.

So gibt es zum Beispiel kaum noch ein Bewusstsein dafür, dass Bibeltexte überhaupt einer Auslegung wert sein könnten, dass die Gestalt im dunklen Gewand vor dem Altar einen sakralen Glaubwürdigkeitsbonus hat oder dass es einen intrinsischen Grund gibt, sich in bestimmten Momenten zu erheben. Selbst die Information „Achtung! Die Zahlen an der Wand haben was mit dem Buch in deiner Hand zu tun“ kann oft nicht mehr vorausgesetzt werden. Wenn ich Gäste dann nicht aktiv und einladend in das Geschehen mit hineinnehme, sitzen sie ziemlich hilflos und verloren in den Bänken. Event-Gottesdienste dagegen müssen fast immer davon ausgehen, dass zumindest ein Teil der Besuchenden liturgisch völlig ungeschult ist. Das heißt: *Es braucht Übersetzung.*

Dazu kommt, dass die meisten solcher Event-Gottesdienste keiner klassischen „Komm-Struktur“ folgen. Sie erwarten nicht einfach, dass Menschen zu ihnen kommen und bringen den Gottesdienst zu den Menschen. Natürlich müssen sich die Interessierten trotzdem aus ihren Häusern an einen bestimmten Ort begeben, wenn sie mitfeiern wollen, aber dieser Ort ist eben nicht die oft unvertraute Welt eines Kirchengebäudes, sondern eine als „weltlich“ empfundene Location. Und schon das macht einen gigantischen Unterschied, weil sich viele Suchende an ihnen vertrauten Orten deutlich leichter auf neue Erfahrungen einlassen als an Orten, an denen sie sich fremd fühlen. Event-Gottesdiente müssen deshalb sorgfältig überlegen, wie an neuen Orten für beide Seiten Vertrautheit entstehen kann. Das heißt: *Es braucht Inkulturation.*

Und anders als in ritualisierten Gottesdiensten, in denen oftmals eine Liturgin oder ein Liturg als Alleinunterhaltende (neben den Menschen an der Orgel, sofern diese funktioniert und bespielt wird) agieren können, braucht es an öffentlichen Orten meist ein Team, dass die Veranstaltung durchführt. Und nicht nur das: Bei der geistlichen Eröffnung der neuen Autobahn-Brücke wollen natürlich auch die Architektin, der Landrat und die Ministerin eingebunden werden. Und vielleicht bietet sich ja eine regionale Band an, die das Ganze musikalisch unterstützen könnte. Diese Offenheit für weitere

Beteiligte erweist sich meist als höchst inspirierend, weil sie deren andere und vielfältige Perspektiven auf das Geschehen mit einbindet. Event-Gottesdienste müssen im Blick haben, dass die Vielfalt der Beteiligten eine starke inhaltliche Aussage ist, die deutlich macht: „Hier feiern viele Menschen mit Euch!“ Das heißt: *Es braucht Vernetzung.*

Mit anderen Worten: Auch wenn jeder sorgfältig vorbereitete Gottesdienst letztlich eine Kasualie ist, weil sich die Agierenden konkret auf die jeweiligen Themen und Fragen dieses Tages, also den jeweiligen „Fall“, einstellen, gibt es zusätzlich bei Event-Gottesdiensten im öffentlichen Raum Kriterien, die eine neue Haltung verlangen – ein bewusst von den besonderen Situationen bestimmtes Wahrnehmen der Menschen und der Umstände, das in liturgisch geprägten Angeboten, bei denen die Einstellung und der Kenntnisstand der zu erwartenden Besucherinnen und Besucher scheinbar vorhersehbar sind, nicht so im Mittelpunkt steht. Eine Erkenntnis vieler Beitragenden dieses Buch ist dabei: Es lohnt sich, die „Haltung“ der Beteiligten an Event-Gottesdiensten auch auf die sonntäglichen Gottesdienste zu übertragen, weil diese dann ebenfalls spürbar einladender und offener werden.

Was Event-Gottesdienste prägt

Die markanten Kennzeichen von Gottesdiensten im öffentlichen Raum stellen die Autorinnen und Autoren jeweils sehr anschaulich vor. Trotzdem lohnt es sich, in dieser Einleitung einige grundsätzliche Perspektiven schon mal vorab zu skizzieren. Wir haben nämlich gemerkt, dass Event-Gottesdienste gar nicht anders können, als die genannten Herausforderungen von *Übersetzung, Inkulturation* und *Vernetzung* ernst zu nehmen. Man könnte auch sagen: Events müssen für bestimmte Grundfragen sensibel sein, wenn sie Menschen erfolgreich ansprechen wollen. Und das hat nichts, aber auch gar nichts mit einem Hang zu überbordender Inszenierung zu tun, sondern mit den Grundlagen gelingender Kommunikation.

So wie sich Jesus von Petrus mit dem Schiff ein Stück auf den See hinausfahren lässt, damit ihn die Leute besser hören (Lukas 5,3), ist es klug, bei einem Event eine dem Ort angemessene und funktionierende Verstärkeranlage einzuplanen (was übrigens auch für viele Kirchen gilt). Und so, wie Jesus mit dem gebildeten Pharisäer Nikodemus anders spricht als mit Fischern, lohnt es sich, über die jeweilige Sprache einer Zielgruppe nachzudenken. Deshalb hier fünf erste wegweisende Kriterien.

Event-Gottesdienste sind milieusensibel

Gottesdienste im öffentlichen Raum fragen als Erstes: Wer kommt denn da? Denn bei der Segnung einer Achterbahn erscheinen vermutlich andere Gäste als bei der Eröffnung einer Studien-Akademie oder bei einem Rommé-Turnier. Diese Frage ist deshalb so relevant, weil sich die meisten Kirchengemeinden meist gar nicht bewusst machen, in welcher Bubble sie leben. Ja, viele Gemeinschaften sind längst geschlossene Gesellschaften, die eine eigene Sprache, eigene Rituale und eigene Werte entwickelt haben und nur in sehr eingegrenzten Milieus agieren.

Kürzlich hat eine Studie über Kirchenmusik festgestellt, dass in Kirchenchören großenteils Akademikerinnen und Akademiker singen. Die können noch so oft betonen „Wir sind doch für alle offen" – wenn ihr gesamtes Agieren (bewusst oder unbewusst) auf Personen mit Studienabschlüssen ausgerichtet ist, werden sie vermutlich keine anderen Zielgruppen erreichen. Event-Gottesdienste versuchen solche Bubble-Tendenzen zu überwinden ... oder sie zumindest wahrzunehmen. Und wenn sie sich dann zum Beispiel speziell an Zirkusartistinnen und -artisten wenden, prüfen sie natürlich achtsam: Welche Fragen haben diese Menschen? Welche Musik hören sie am liebsten? An welche Lebensthemen kann ich bei ihnen anknüpfen?

Event-Gottesdienste sind anlasssensibel

Nachweislich kommen immer weniger Leute einfach wegen eines gewohnten und vertrauten Rituals in einen Gottesdienst. Mit anderen Worten: Sie brauchen einen Grund. Eine Antwort auf die Frage: „Warum soll ich mich von meinem gemütlichen Sofa erheben und zu diesem kirchlichen Angebot kommen?“ Natürlich kann ein solcher Grund auch die gute Gemeinschaft sein, ein relevantes Predigtthema, meine langjährige Freundschaft mit der Pfarrerin, der anschließende Kirchenkaffee oder die Freude an klassischen Kirchenliedern. Über dieses „Warum“ sollte sich aber grundsätzlich jeder Gedanken machen, der Gottesdienste anbietet.

Event-Gottesdienste haben in der Regel einen Anlass (oder schaffen einen). Deshalb nehmen sie ihn auch ernst und richten die Gestaltung der Veranstaltung an diesem Anlass aus. Was vielerlei Konsequenzen hat, weil sich plötzlich ein Thema (nämlich der Anlass) wie ein roter Faden durch die gesamte Gestaltung zieht. Und nicht nur das: Wenn ich einen Anlass habe, der vor allem junge Familien ansprechen will (zum Beispiel ein Tauffest), dann muss ich von Anfang an einplanen, dass vermutlich viele Kinder vor Ort sein werden. Was wiederrum andere Lieder, eine kindgerechte Sprache oder ein eigenes Kinderprogramm erfordert.

Event-Gottesdienste sind ortssensibel

Es ist oben schon angeklungen: An vielen öffentlichen Locations kommt Kirche in eine Welt, in der sich die Gäste mehr zuhause fühlen als die Gottesdienst-Initiatorinnen. Und an diesen Orten gelten zuallererst die Spielregeln des Ortes. Ein Beispiel: Ob es klug und sinnvoll ist, in einer barocken Kirche zum Gottesdienst frisch gezapftes Bier anzubieten, ist sicher diskussionswürdig (obwohl es Kulturen gibt, in denen das niemanden stört), bei einem Gottesdienst in einem Bierzelt wäre es dagegen komisch und irritierend, wenn kein Bier getrunken werden dürfte. Zu einer klassischen Konfirmation im Neopren-Anzug zu erscheinen, wäre ziemlich auffällig – bei einem Kanuten-Gottesdienst am Fluss hingegen wäre ein schwarzer Anzug völlig unangebracht.

Orte prägen. Situationen prägen. Und das nehmen Event-Gottesdienste ernst. Also: Was kommuniziert dieser Ort? Wozu lädt er ein? Wie verhält man sich hier normalerweise? Und wie kann ich den besonderen Zauber, den gewisse Orte haben, im Gottesdienst aufnehmen? Dazu kommt eben die Erkenntnis, dass es ein Riesengewinn sein kann, die mit dem Ort Vertrauten auf vielfältige Weise einzubinden – zum Beispiel im Bierzelt auch die Volksmusik-Band zu fragen, ob sie nicht zum Ablauf beitragen will, um dann überrascht festzustellen, dass man „Gott ist gegenwärtig" auch als Ländler oder Pop-Schlager spielen kann.

Event-Gottesdienste sind erfahrungssensibel

Trotz aller pädagogischen Forschungen und Erkenntnisse der vergangenen Jahrzehnte sind liturgische Gottesdienste (von der Kirchenmusik und dem Abendmahl mal abgesehen) immer noch unglaublich wortlastig. Da wird geredet und geredet. Als ginge es darum, Menschen vor allem argumentativ von etwas zu überzeugen oder ihnen Informationen zu vermitteln. Dabei ist die viel wesentlichere Frage: Machen die Menschen in diesem Gottesdienst eine Erfahrung? Werden sie berührt – vielleicht sogar von Gott? Was vor allem dann geschieht, wenn die Besucherinnen und Besucher emotional angesprochen oder selbst aktiv werden und wenn sie spüren: Hier geht es konkret um meine Lebensfragen und -herausforderungen.

Event-Gottesdienste nehmen deshalb verstärkt die Interaktion in den Blick. Wo und wie kommen die Gäste im Geschehen selbst vor? Gibt es zum Beispiel die Möglichkeit zu Symbolhandlungen (etwa das Verbrennen eines Zettels, auf den ich vorher eine persönliche Belastung geschrieben habe), oder sind die Gäste mit allen Sinnen beteiligt (zum Beispiel durch eine Körperübung, etwas Haptisches, das sie in die Hand nehmen können, oder eine neugierig machende Dekoration, die in ihnen eine persönliche Erinnerung auslöst)? Deshalb ist es auch kein Zufall, dass viele Event-Gottesdienste mit Give-Aways arbeiten, also kleinen Geschenken, die die Menschen mitnehmen dürfen ... und die die Gottesdiensterfahrung in den Alltag hinein verlängern.

Gottesdienst neu entdeckt!

Die angeführten Sensibilitäten deuten nur eine Richtung an. Wie sie konkret umgesetzt werden können, sehen wir in den 21 Modellen, die hier vorgestellt werden, an vielen Stellen sehr viel detaillierter und ganz praktisch. Dabei werden wir überrascht feststellen: Was ein Gottesdienst genau ist, muss womöglich im 21. Jahrhundert noch einmal neu definiert werden. Ist es zum Beispiel ein Gottesdienst, wenn sich im Jahr 2024 Tausende von Menschen in Kassel auf dem Friedrichsplatz die Popmusik-Inszenierung „Die Passion" von RTL anschauen (plus gute zwei Millionen Menschen am Bildschirm) und dabei nicht nur in die Leidensgeschichte Jesu eintauchen, sondern auch sehr persönliche Glaubenserlebnisse von Christinnen und Christen hören? Eigentlich müsste man sagen: „Ja. Das ist ein Gottesdienst! Was denn sonst?" Das heißt nicht, dass einem der Stil und die theologische Deutung zusagen müssen. Aber das war ja auch ein Angebot für ein klassisches RTL-Publikum (also eine milieusensible Gestaltung).

Je mutiger wir den Gottesdienstbegriff im Sinn des paulinischen „Das ganze Leben ist ein Gottesdienst" weiten, desto mehr weiten wir auch das Angebot der Kontaktmöglichkeiten für das Evangelium – gerade im Bezug auf Zielgruppen, die bislang in den liturgischen Sonntagsangeboten nur äußerst spärlich vertreten sind. In diesem (weiten) Sinne sind alle hier vorgestellten Angebote Event-Gottesdienste, die von der Lust geprägt sind, die „Schönheit des Glaubens" zu den Menschen zu bringen: raus aus den Kirchen – hin zu den Menschen an öffentliche Orte, an denen Gott natürlich auch längst am Wirken ist. Dies miteinander zu entdecken, ist wahrlich himmlisch.

Modell 1

„Ist das wirklich ernst gemeint?"

Genussvoll glauben mit Whisky, Kaffee oder Mathematik

Das oikos-Institut für Mission und Ökumene der Evangelischen Kirche von Westfalen bietet unter der Überschrift „genussvoll glauben" drei Gemeindeprojekte an, die an jeweils einem Abend Genuss und Bibel zusammenbringen. Sie sind besonders für Menschen ansprechend, die andere Gemeindeveranstaltungen nicht besuchen. Es gibt ein biblisches Whisky-Tasting, ein biblisches Kaffee-Cupping und „ausgerechnet Gott", einen Abend um Mathe und Bibel. Alles ist so ausgearbeitet, dass die Projekte selbstständig durchgeführt werden können.

„Ist das wirklich ernst gemeint?" Unter anderem begegnete uns diese Frage am Anfang unserer Projektidee. Wir wollten unter dem Titel „genussvoll glauben" ein biblisches Whisky-Tasting anbieten. Insgesamt fielen die wenigen kritischen Anfragen gegenüber den vielen positiven Reaktionen aber kaum ins Gewicht. Doch die Frage „Ist das wirklich ernst gemeint?" bleibt spannend.

Meinen wir es wirklich ernst, wenn wir in der Abendmahlsliturgie sagen: „Schmeckt und seht, wie freundlich der Herr ist" (Psalm 34,9 - Schlachter)? Und dann gibt es eine trockene Oblate und einen Schluck

Traubensaft, der vorher aus dem Tetra-Pak in den Kelch gefüllt wurde. Schmeckt so die Freundlichkeit Gottes? Oder schmeckt sie eher wie ein 15 Jahre im Fass gereifter Single Malt Whisky, hergestellt mit Leidenschaft und Zeit, gereift im dunklen Fass und so farblich verändert durch den Kontext?

Wir sollten eines nie vergessen: Der christliche Glaube ist sinnlich. In der Bibel wird Wunderbares gesehen, bestaunt, gerochen, geschmeckt. Das beginnt in den ersten Kapiteln der Bibel mit der Schöpfung. Welche Fülle, in die Adam und Eva hineingesetzt werden. Und am Ende der Bibel, in der Offenbarung, zückt Gott im 21. Kapitel sein Taschentuch und trocknet jede Träne. In Kapitel 22 wird sogar ein Blick in das neue Paradies geworfen: Bäume, die zwölfmal Früchte tragen, Wasser des Lebens entspringt. Übrigens: Wasser des Lebens heißt auf gälisch „uisge na beatha". Daher kommt das Wort Whisky. Genussvoll geht es zu im Reich Gottes.

Ein paar Beispiele: Im Johannesevangelium ist das erste Wunder Jesu die Verwandlung von Wasser in Wein – umgerechnet 600 Liter. Und im letzten Kapitel wird wieder mit den Jüngern am See von Tiberias gegessen und bei knusprigem Fisch das letzte Gespräch geführt. Quasi geht es von der Hochzeitsfeier zur Strandparty. Und auch der Genuss von Zahlen kommt vor: 6 Krüge, jeder etwa 100 Liter Fassungsvermögen in Johannes 2. 153 Fische, eine erstaunlich schöne Zahl in Johannes 21. 153 ist die einzige *drei*stellige Zahl, bei der die Summe der *dritten* Potenz der Einzelziffern wieder dieselbe Zahl ergibt. Ist das etwa ein genussvoller Hinweis auf die Trinität?

Zachäus, die Sünderin, die Jesus die Füße salbt, Maria und Martha, die Emmausjünger: wenn Jesus Menschen begegnet, wird gegessen und getrunken. Glaube geht – wie die Liebe – durch den Magen. Die Liebe Christi vermittelt sich auch im Genuss. Und genau das feiern wir auch in unseren Sakramenten. Abendmahl und Taufe sind eigentlich höchst sinnliche Geschehen. „Verbum visibile", sagen die Theologen – sichtbares Wort. Vielleicht wäre es besser, vom spürbaren Wort zu reden. „Schmecket und sehet, wie freundlich der Herr ist."

„Genussvoll-Glauben-Abende“ sind wunderschöne Abende mit Genuss. Es geht jeweils um eine Veranstaltung, die interessant und spannend für Menschen ist, die der Kirche sonst eher distanziert gegenüberstehen. Im Blick sind vor allem Menschen im Alter zwischen 25 und 55 Jahren. Es geht um die Bibel, um leckeres Essen, um Whisky, um Kaffee und um Zahlen. Es geht um genussvolle Abende, bei denen man sich begegnet, Spaß hat, genießt, Informationen bekommt und über biblische Texte nachdenkt. Die Bibel ist dabei fester Bestandteil des Abends, nicht nur eine Andacht am Anfang, die ertragen werden muss, und ein Segen am Schluss.

Zu allen drei Abenden gibt es ein Projekthandbuch mit Hintergrundinformationen und Tipps für diejenigen, die sie veranstalten möchten. Und es gibt jeweils ein schön gestaltetes Heft für die Teilnehmenden sowie mit dem Projekthandbuch auch einen Online-Zugang zu den Präsentationen und Filmen. Bei allem war uns wichtig, mit den Materialien wenigstens ansatzweise hinsichtlich Optik und Haptik den genussvollen Bestandteilen (Bibel, Whisky, Kaffee, Mathe) zu entsprechen. Das Projekt ist darauf angelegt, dass eigentlich alle, die Spaß an der Sache haben, dieses in der eigenen Gemeinde durchführen können.

Das heißt auch: Für die Abende muss man nicht Whisky/Kaffee/Mathe-Experte sein. Man kann auch so Informationen weitergeben und gemeinsam mit den anderen, die dabei sind, Entdeckungen machen. Ideal ist es, wenn eine die biblischen Genusspunkte, ein anderer das Kulinarische und eine dritte die Whiskys, Kaffees oder Mathe-Programmpunkte übernimmt. Gerade dafür finden sich oft Menschen in der Gemeinde. Und die Abende finanzieren sich selbst durch Beiträge der Teilnehmenden.

Wer „genussvoll glauben“ durchführen möchte, lässt sich damit auf eine interessante Veranstaltung ein, die gut vorbereitet werden will. Es geht um Genuss und um Glauben. Beides braucht Qualität. Das geht schon bei der Einladung los und hört mit der schönen, genussfördernden Raumgestaltung noch nicht auf. Genuss passt oft gut in die Abendstunden. Will ich mit diesem Format auch Menschen erreichen, die sonst nicht an Gemeindeveranstaltungen teilnehmen und eher unter als über 50 Jahre alt sind, ist ein Freitagabend eine gute Wahl. Wir empfehlen zudem eine dem Thema entsprechende Hintergrundmusik, die während der Zeiten zum Austausch, Whisky, Kaffee- und Essgenuss eingespielt wird. Singen oder Chordarbietungen sollten allerdings nicht Teil der Veranstaltung sein. Beides lenkt vom Genuss ab und verändert den Charakter des Abends. Auch so benötigt man schon drei Stunden Zeit für die Durchführung.

Lassen Sie sich die Veranstaltung etwas kosten – und nehmen Sie auch eine Gebühr dafür. Dabei geht es nicht nur um die Refinanzierung, sondern auch um die Wertigkeit. Dass etwas Gutes auch etwas kostet, schreckt nicht ab. Vielleicht hat es sogar einen eigenen einladenden Wert. Die Teilnehmendenzahl sollte maximal bei 20 liegen. Wenn Sie das Interesse in Ihrer Gemeinde höher einschätzen, kann die Veranstaltung ja mehrmals durchgeführt werden. Es ist außerdem empfehlenswert, für die Moderation des Abends mindestens zu zweit zu sein, um die einzelnen Teile durch den Wechsel abwechslungsreicher zu gestalten.

Stattgefunden haben „Genussvoll-Glauben-Events" im ganzen deutschsprachigen Raum. Als Veranstaltungshilfe kann man für das biblische Whisky-Tasting eine Kiste mit Nosing-Gläsern und anderem im oikos-Institut für Mission und Ökumene der Evangelischen Kirche von Westfalen ausleihen. Genauso gibt es eine hilfreiche Kaffee-Kiste für das biblische Kaffee-Cupping. Die Kisten waren schon an vielen Orten zwischen Kaiserstuhl, Dresden und Flensburg.

Fehler, die in der Vorbereitung oder Durchführung gemacht wurden:

- Eine Gemeinde hatte einfach im Gemeindebrief und Kirchenvorstand eingeladen. Die Veranstaltung war gut besucht, aber es waren nur die üblichen Verdächtigen da. Auch für die war es ein schöner Abend. Außenstehende erreicht man aber nur, wenn gezielt eingeladen wird.

- Eine Gemeinde hatte vergessen, das Whisky-Tasting „biblisches Whisky-Tasting“ zu nennen. So war bei einigen die Überraschung groß, als dann die Bibel einen nicht unbeträchtlichen Teil des Abends einnahm. Wir sollten sagen, was drin ist. Die Bibel ist weniger abschreckend auf Außenstehende, als wir selber manchmal denken.
- Eine Gemeinde fand das Projekt großartig, allerdings nahmen sie andere Whiskys, andere Bibeltexte und anderes Essen. Geht auch.

Weitere Informationen: www.genussvoll-glauben.de

Kuno Klinkenborg

© Oikos-Institut

Pfarrer im oikos-Institut für Mission und Ökumene der Ev. Kirche von Westfalen. Er ist leidenschaftlich gerne Christ. Besonders liegt ihm die Zusammenarbeit mit Ehrenamtlichen am Herzen. Er ist begeistert von allen neuen Ideen, um mit Menschen über den christlichen Glauben ins Gespräch zu kommen.

Modell 2

Eintauchen in den Segen!

Gottesdienste am Lieblingsort

„Nennt uns euren Lieblingsort, wir kommen und feiern mit euch dort Gottesdienst." Was aus der Not mitten in ungewissen Coronazeiten von drei Öffentlichkeitsbeauftragten im Kirchenkreis als Gottesdienst im Freien erdacht wurde, entwickelte sich zu einem großen Schatz an Möglichkeiten. Denn es gibt so viele wunderbare Orte, an denen sich Gottesdienst feiern lässt. Wir müssen nur Menschen ermutigen und uns anregen lassen.

Die naive Idee, wir schreiben eine eigene „Geh-aus-mein-Herz-Natur-Wohlfühl-Liturgie" und dazu einen kurzen Sommer-Impuls, der an verschiedenen Orten und für unterschiedliche Menschen anwendbar sein soll, war allerdings direkt mit der ersten Anmeldung hinfällig, denn wir erkannten: Ein Gottesdienst am Lieblingsort muss ganz persönlich und sehr individuell gestaltet sein.

Das heißt auch: Ein Besichtigungstermin vor Ort ist zwingend nötig und die Vorbereitung kostet ordentlich Zeit, aber die Resonanz und die Rückmeldungen sind überwältigend und motivieren zum Weitermachen. Und: Die Person, die sich den Gottesdienst wünscht, ist aktiv bei der Bereitstellung und Ausgestaltung des Ortes sowie bei der Bewerbung des Gottesdienstes tätig, denn sie möchte ja, dass viele kommen und sagen: Ja, hier an deinem Lieblingsort ist es wunderbar!

Was braucht es dazu unsererseits? Eine tragbare Mikrofonanlage, Fantasie und Lust auf neue Orte. Außerdem eine kurze Liturgie, die bei uns folgende Elemente umfasst: Eingangsritual – Begrüßung mit Hinweis und Dank an die Ideengeberin bzw. den Ideengeber – Musik oder Lied – Psalm – Gebet – Bibeltext – Impuls mit Möglichkeit der Einbindung der Person, die sich den Gottesdienst gewünscht hat – Musik oder Lied – Vaterunser – Segen – Musik oder Lied.

Der Gottesdienst am Lieblingsort kann das ganze Jahr über stattfinden, an jedem Tag und zu jeder Uhrzeit.

Vier Beispiele, die wir konkret umgesetzt haben:

Im Garten des verstorbenen Sohnes

„Wir wünschen uns einen Gottesdienst in unserem Garten. Hier hat unser Sohn so gerne gespielt." Einen Sommer vorher war er bei einem Verkehrsunfall verstorben. Ausgerechnet diese Eltern baten um den ersten Gottesdienst am Lieblingsort. Damit hatte ich nicht gerechnet. Wir trafen uns im Garten. Die Mutter erzählte von den Lieblingsspielplätzen des Jungen: Fußballtor und Kletterbaum, vom Feld hinter dem Garten, den Vögeln, die der Sohn beobachtet hatte. Wir sprachen auch über Tod, Auferstehung, Weiterleben. Anrührend, traurig und schön zugleich – Erinnerungsarbeit.

Wir besprachen im Vorfeld Inhalt, Technik und die Gestaltung des Ortes. Der Posaunenchor, in dem der Sohn mitgespielt hatte, sollte die Musik gestalten. Sitzplätze überall im Garten und unter den Bäumen wollten die Eltern stellen. Eine eigene Liturgie war nötig. Mein Thema waren die Mauersegler und deren unglaubliches Leben im Sommer, wie sie sich in die Luft schrauben und am Abend plötzlich aus unserem Blickfeld verschwinden und doch da sind. Nur weit über uns in den Wolken. Mehr musste nicht gesagt werden. Der Posaunenchor würde anschließend „Über den Wolken" spielen.

Am Abend eine halbe Stunde vor Gottesdienstbeginn gab es dann ein Gewitter und Starkregen. Ob da überhaupt jemand kommt? Ja, die gesamte Nachbarschaft kam, dazu viele aus dem Dorf. Miteinander improvisierten sie, bauten noch zwei Pavillons auf für den Posaunenchor, räumten den Schuppen aus, öffneten die Tür zum Gartenhaus weit. Alle saßen im Trocknen, voller Erwartung. Während des Gottesdienstes flossen Tränen, aber die Familie war glücklich. Als ich gehen wollte, holten Nachbarinnen aus ihren Taschen Sekt und Gläser, ganz selbstverständlich der Vater einen Kasten Bier. Einfach noch zusammensitzen, lachen und weinen tat so gut. Spüren: Wir sind nicht allein. Wir taten Dinge, die ich nie für möglich gehalten, nicht gewagt hätte. Sekt bei so einem Anlass? Ach, ich Kleingläubige!

Am Feuerlösch-Teich

Im Taufgespräch sagte der Vater, sein Lieblingsort sei der Feuerlöschteich am Rande des Dorfes. Auch ein kleines Boot gäbe es jetzt dort. Er würde rudern, ich predigen. Die Geschichte von der Stillung des Sturmes fiel mir ein (Lukas 8,22-25). Ja, das fanden alle prima. Ein kurzer Schrieb in die WhatsApp-Gruppe der Freiwilligen Feuerwehr – schon war der Termin vereinbart. Der Vater und seine Feuerwehrkollegen kümmerten sich um alles. Sie bestellten Würste, Grill und die obligatorischen Bierbänke. Ich fand eine Sängerin, die sich Sturm- und Wasserlieder aussuchte. Meine Kleidung: Regenmantel und Gummistiefel.

Die waren auch nötig, denn dann kam er, der Sturm. Wie bestellt, brach er über uns herein, genau als wir mitten auf dem See waren. Die biblische Geschichte wurde erfahrbar, erlebbar, ganz neu gehört. Wir erlebten, wie schnell ein Sturm aufkommt und Wellen bedrohlich auf den kleinen Teich schlagen, Sorge und Angst entstehen, was Trost und Hilfe bedeutet. Der Kollektenzweck war von Anfang an klar: Zwei Wochen zuvor war das verheerende Unwetter an der Ahr gewesen. Alle dachten daran und gaben reichlich.

Ein Bett im Kornfeld

Ein Landwirt rief mich im Frühling an. Am Erntedankfest hätte ich über die selbstwachsende Saat (Markus 4,26-29) gesprochen, nun sollten im Sommer alle zum Lieblingsort, „seinem Kornfeld“, kommen, um das Ergebnis zu sehen. „Gerne, wenn Sie auch ein Bett ins Kornfeld stellen“, scherze ich, „dann können wir auch den gleichnamigen Schlager singen.“ „Das sollte kein Problem sein“, verspricht er. Tatsächlich, am vereinbarten Tag ist alles vorbereitet: Die Wiese vor dem Kornfeld ist gemäht, wieder stehen Bierbänke bereit und auch ein altes Bett inklusive Federbett ist aufgebaut. Ein schöneres Fotomotiv hätten wir uns nicht wünschen können.

Den Gottesdienst gestalteten meine Kollegin und ich zusammen mit ihm: Er erzählte vom Weizenkorn, vom Säen und Arbeiten – denn die Saat wächst doch nicht nur von selbst. Der Landwirt berichtete auch von seinen Sorgen und gleichzeitig von seinem Gottvertrauen. Wir lasen noch einmal den Bibeltext von Erntedank (Markus 4) und sangen das Lied „Wir pflügen und wir streuen“ (EG 508) nun mitten im Hochsommer. Und am Ende sangen wir mit Getränk in der Hand den berühmten Schlager vom Bett im Kornfeld.

Im Schwimmbad

„Dürfen wir im Wasser bleiben?“ „ Selbstverständlich, solange ich nicht ins Wasser muss“, rief ich ins Becken. Eine begeisterte Frühschwimmerin hat sich den Gottesdienst gewünscht. Das Freibad ist ihr Lieblingsort. Wir redeten, warum das so ist. Das Schwimmbad ist der Ort, an dem sie alles loslassen kann. Kein Schlüssel, kein Handy ist dabei. Es tut ihr gut, Bahnen schwimmen und alles vergessen zu können, abzuwaschen, was belastet. Dazu suchten wir die Wassergeschichte von Mose im Schilfkörbchen (2. Mose 2,21ff.) aus. Mit einem Romantitel fanden wir die Vergewisserung: „Man vergisst nicht, wie man schwimmt“, so wie viele das Vaterunser, das sie gelernt haben, nicht vergessen.

Sonnensegel, Schirme, Bänke – organisiert hat alles der „Bademeister“ oder, wie es korrekt heißt, der „Fachangestellte für Bäderbetriebe". Er begrüßte mich als „seine Pfarrerin" in seinem Wohnzimmer. Dabei ist er gar kein Kirchenmitglied. Seine beiden Kinder habe ich dennoch getauft. Selbstverständlich durften wir ein halbes Jahr später an seinem Lieblingsort, der auch sein Arbeitsort ist, Gottesdienst feiern mit freiem Eintritt für alle bis 12:00 Uhr. Die Sängerin sang und all stimmten ein: „Itsy Bitsy Teenie Weenie Honolulu Strandbikini." Nach dem Segen durften die Konfirmandinnen und Konfirmanden zeigen, wie sie mutig vom Dreimeterbrett springen. Und die Gemeinde spendete kräftig Applaus.

Fazit: Gottesdienst am Lieblingsort ist ein wunderbares Format. Ein Aufruf im Gemeindebrief, auf Instagram oder im Status bei WhatsApp „Was ist euer Lieblingsort" und Neugier und Ideen sind geweckt: Ob Wiese mit Hochsitz, Friseursalon oder Kneipe, der Orte gibt es genug. Uhrzeit und Datum sind frei wählbar. Entscheidend ist eine große Offenheit. Bei diesem Gottesdienstformat gelten übrigens alte Weisheiten: 1. Es gibt kein schlechtes Wetter. 2. Alles ist möglich. 3. Wunder gibt es immer wieder.

Imke Leipold

Pfarrerin für Kasualien und besondere Gottesdienste in Bad Hersfeld.

Modell 3

Kirche, die ernsthaft Spaß macht

Segenshochzeiten für alle

Das Brautkleid hat Sabine im Rucksack. Mit dem Zug ist sie mit ihrem Freund aus Kassel angereist für diesen besonderen Tag. Gut, dass in der Kirche alles so liebevoll vorbereitet ist. Kurz umziehen – und schon kann es losgehen. Claudia und Markus sind schon 19 Jahre standesamtlich verheiratet, die Kinder längst aus dem Haus, heute soll es für beide noch einmal ernst sein: doch noch Kirche, was damals aus verschiedenen Gründen nicht klappte. Aber jetzt wünschen sie sich Gottes Segen für ihre Beziehung – für alles, was war, und für alles, was kommt. Holger und Jenny sind mit ihrem Camper unterwegs, als sie zufällig mitbekommen, dass sie in Berlin unkompliziert Segenshochzeit feiern können. „Das passt zu uns", sind sich beide sofort einig, wobei es ihnen nicht wichtig ist, standesamtlich verheiratet zu sein. Als er im Hochzeitszimmer überraschend einen Ring für seine Liebste herausholt, fließen die Tränen. Sie gehören zusammen.

Segenshochzeiten sind etwas für alle. Besonders geeignet sind sie für die, die – warum auch immer – nicht standesamtlich verheiratet sind. Das können evangelische Kirchenmitglieder sein, die schon einmal verheiratet waren und nicht noch einmal standesamtlich heiraten möchten. Es kommen Verliebte, die nicht konfessionell gebunden sind, sich aber von der Kirche einen Segen für ihre Liebe wünschen. Gleichzeitig lassen sich vom Angebot auch Menschen ansprechen, zu deren Lebenswirklichkeit eine klassische kirchliche Trauung einfach nicht passt, auch wenn sie standesamtlich verheiratet und Mitglied der Evangelischen Kirche sind. In diesen Fällen wird die Segenshochzeit auf Wunsch als kirchliche Trauung ins Kirchbuch eingetragen.

Besonders für Paare, die zu zweit kommen, oder aber für kleinere Festgesellschaften ist ein Segenshochzeitsfestival attraktiv. Denn die herzliche Gemeinschaft, die liebevolle Atmosphäre und auch die Möglichkeit, sich nicht für eine Hochzeit finanziell verausgaben zu müssen, sind unserer Ansicht nach Gründe dafür. Wir haben inzwischen drei solcher Pop-up-Hochzeitsfestivals durchgeführt und blicken in unserer Arbeit auf insgesamt knapp 200 Segenshochzeiten zurück.

Konkret sah das Pop-up-Hochzeitsfestival im Mai 2023 so aus: Die Paare konnten sich im Vorfeld bei uns anmelden oder auch spontan am Samstag einfach kommen. Wir hatten drei Orte geschmückt (die Kirche, die Buche im Hof und den Hochzeitspavillon auf dem Markt), an denen jede halbe Stunde eine neue Segenshochzeit stattfinden konnte. An jedem Ort gab es eine kleine Band, die ein Repertoire von 10 Hochzeitssongs vorbereitet hatte, aus denen die Paare „ihren" Song auswählen durften. Wichtig war eine zentrale Anmeldung, an der die Paare ankamen und sich – falls noch nicht im Vorfeld geschehen – mit ihren Ausweisen anmeldeten. Das Pfarrteam bestand aus rund 20 Pfarrpersonen, die immer zu zweit eine Hochzeit übernahmen. Nach einem kurzen Traugespräch ging es dann auch schon für die Segenshochzeit an den jeweiligen Hochzeitsort. Am Festival waren so insgesamt etwa 50 Mitarbeitende beteiligt, darunter ein Anmeldungs-Team, Künstlerinnen für die Deko, Musikerinnen, Fotografen und das Pfarrteam.

Es handelt sich bei den Segenshochzeiten um Mini-Formate, die entsprechend an das Paar angepasst werden können. Die Grundform der

Segenshochzeit ist folgende: Einzug zur Musik, Begrüßung, kurze Ansprache, Bibelvers, Flechtritual, ggfs. Ringtausch, Gebet, Segen, Konfetti und Musik. Der ausgewählte Song wird von der Band beim Einzug instrumental und nach dem Segen noch einmal mit Gesang gespielt.

In der Ansprache wird das im Traugespräch Gehörte aufgegriffen und mit dem gemeinsam ausgewählten Bibelvers verbunden. Bevor es zur Segnung kommt, wird Grundlegendes zur Liebe vor Gott gesagt. Zentrales Element der Segenshochzeit ist das Flechtritual, bei dem die Partner*innen sich gegenseitig ihre Liebe, ihre Dankbarkeit und ihre Entschiedenheit füreinander versprechen. Dazu flechten sie im Wechsel die am oberen Ende verknoteten Bänder. Nach der Segnung ist Raum für Musik, Konfetti, Erinnerungskarte und Gratulationen.

Nach der Hochzeit werden die Paare auf ein Glas Sekt eingeladen und bekommen ein professionelles Portrait-Foto geschenkt, das mit einem Foto-Drucker direkt ausgedruckt und in die Erinnerungskarte bzw. Trauurkunde geklebt wird. Vor der Kirche wartet eine Rikscha, falls Liebende Lust auf eine Fahrt haben.

Unsere Event-Gottesdienst-Hochzeits-Festivals haben uns vieles gelehrt:

- Das Team macht's! Zusammen mit vielen Pfarrpersonen ein großes Event zu stemmen, ist für alle Beteiligten erfüllend. Das Team vor Ort organisiert alles bestmöglich im Vorfeld, die Kollegen können einfach Teil davon sein. Viel zu oft sind Pfarrpersonen Einzelkämpferinnen und machen sowohl im großen Team als auch in der konkreten Durchführung von Segenshochzeiten zu zweit neue, bereichernde Erfahrungen, die Spaß machen.
- Der Segen macht's! Gesegnet zu werden, ist eine spirituelle Erfahrung, die auch für nichtkirchliche Menschen eine große Bedeutung hat. In einer Auswertung gaben mehr als die Hälfte der Paare an, dass unter anderem darin für sie der Reiz des Hochzeitsfestivals bestanden hat. Biblisch-theologisch wird der Segen voraussetzungslos den Menschen von Gott gewährt. Die Segenshochzeit

scheint ein geeignetes Format zu sein, um Paaren ein religiöses Ritual zu ermöglichen, das sie für sich selbst deuten können. Vermutlich ist es ihnen sonst eher fremd, sich zu christlichen Gehalten und Sprachformen zu bekennen, oder sie können mit klassischen agendarischen Gottesdienstformaten wenig anfangen.

- Die Spontanität macht's! Keine langwierigen Vorbereitungen, keine Bürokratie, keine Einmischung von Familienmitgliedern, keine explodierenden Kosten, keine perfektionistischen Ansprüche – mit dem Pop-up-Hochzeitsfestival kann man der anstrengenden Vorbereitung von Hochzeiten entgehen und findet eine zeitgemäße Alternative zur altdeutschen Hochzeit mit anglikanischen und amerikanischen einfachen Elementen. Unsere Erfahrung zeigt, dass die Kennenlerngespräche über Glauben, Leben und Gottes Segen sehr dicht und konzentriert sind, da sämtliche anderen Fragen, die bei Traugesprächen sonst üblich sind – von Blumenschmuck bis zum Einzug der Braut – wegfallen. Hier ist weniger Mehr!
- Die Zwanglosigkeit macht's! Das Reizvolle des Pop-up-Hochzeitsfestivals liegt für die Paare im Zwanglosen. Allerdings bedeutet dies keine Profanisierung. Eher ist zu beobachten, dass die Liebenden sehr genau wissen, was sie tun, und warum sie sich für die Segenshochzeit entscheiden. Alle Hochzeiten prägte neben aller Freude eine Ernsthaftigkeit, oft mit seelsorgerlicher Dimension.

Dabei haben gerade die Paare, die kaum oder gar nicht religiös respektive kaum oder gar nicht kirchlich gebunden sind, großen Wert auf eine feierliche liturgische Form gelegt. Die Kirche war meist vor allen anderen Orten ausgebucht.

Unsere wichtigsten Erfahrungen

1. Es lohnt sich, kirchliche Segenshandlungen individuell zu gestalten und erlebbar zu machen. Das Flechtritual ermöglicht nicht nur eine christliche Deutung, sondern lässt die Liebenden auch beteiligt sein. Es zeigt symbolisch, was die Paare im Alltag miteinander

erleben: Sie verflechten ihre individuellen Lebensgeschichten miteinander und mit Gott.

2. Menschen schätzen eine einladende Atmosphäre! Ein Festival der Liebe macht neugierig und zeigt eine Kirche, die sich öffnet für die Menschen und ihre Lebensgeschichten. Auch viele Schaulustige, die sich ganz selbstverständlich in und um die Kirche aufhielten, freuten sich mit den Paaren. Viele Gelegenheiten für Gespräche im Vorübergehen und auf Augenhöhe.
3. Die Kirche sollte nicht nur bestätigen, was standesamtlich beschlossen worden ist, sondern einen Raum öffnen für ein anderes seelsorgerlich geprägtes Handeln. Zwei Drittel unserer Paare sind nicht standesamtlich verheiratet. Sie kommen aber trotzdem und gerade deshalb.

Kurzum: konsequent von der Lebenswirklichkeit der Menschen her denken!

Rebekka Wackler und Johanna Friese

sind Pfarrerinnen im Segensbüro Berlin, das sich als Innovationslabor versteht. Sie haben ein offenes Herz und Ohr für die Themen, die Menschen bewegen, und unterstützen bei außergewöhnlichen Anfragen. Mit viel Sinn fürs Schöne schaffen sie mit Team-Kollegin Susann Kachel eine Atmosphäre, in der sich Segensuchende angenommen und begleitet fühlen. Ideen für eine einladende Kirche entwickeln sie am liebsten in den bunten Cafés im Neuköllner Schillerkiez oder bei einem Spaziergang auf dem Tempelhofer Feld.

Modell 4

„Fußball ist unser Leben …"

Anstöße für den großen Kick

Fußball bewegt die Menschen in Deutschland. Fast 10 Millionen Menschen besuchen jedes Wochenende die Spiele alleine der 1. Bundesliga. Viel höher wird die Zahl, wenn die 2. Liga und auch der gesamte Amateurbereich dazukommen. Insgesamt gibt es 24.154 Fußballvereine in Deutschland und 2,2 Millionen aktive Spielerinnen und Spieler.

Die Choreographie im Fußballstadion mit Einzug, Wechselgesängen und immer wiederkehrenden Elementen hat dabei große Ähnlichkeiten mit der gottesdienstlichen Liturgie. Was passiert, wenn Fußball und Kirche zusammengehen? Wenn die Fußballbegeisterung und die Begeisterung für Gott zusammenkommen?

Wir hatten einen Fußballgottesdienst geplant. Ungefähr 300 junge und alte Leute kamen dazu regelmäßig in die Jugendkirche LUX in Nürnberg zum Hattrick-Gottesdienst. Viele waren mit Fanschals ihrer jeweiligen Lieblingsvereine ausgestattet. Special-Guest war an diesem Sonntagabend Enrico Valentini, ein Stammspieler des lokalen Traditionsvereins 1. FC Nürnberg. Initiatoren dieser Gottesdienstreihe waren Fußballbegeisterte aus verschiedenen Gemeinden und Fans unterschiedlicher Fußballclubs in der Region Nürnberg. Die musikalische Gestaltung übernahm die Band einer Freikirche. Der Gottesdienstraum der landeskirchlichen Jugendkirche wurde mit Fußbällen, Trikots, Schals, Fahnen und Toren dekoriert.

Im Vorfeld des Gottesdienstes gab es Torwand-Schießen oder andere Geschicklichkeitsübungen. Der Gottesdienst fand immer Sonntagabend statt – parallel lief ein Bundesligaspiel, deswegen konnte man vor dem Spiel noch Tipps abgeben und diejenigen, die richtig getippt hatten, wurden prämiert. Nach dem Gottesdienst war Zeit zum Austausch und zum Essen und Trinken – natürlich mit gegrillter Bratwurst. Der Flyer für diesen Gottesdienst war natürlich rund – gestaltet wie ein Fußball.

Was war außer diesen Rahmenbedingungen anders bei diesen Gottesdiensten? Der Start des Gottesdienstes geschah auch mit dem trinitarischen Votum, aber doch für Fußballfans abgewandelt. Der Liturg/die Liturgin ruft: Wir feiern Gottesdienst im Namen des ... und die Fußballgemeinde wird eingeladen – wie im Stadion laut zu rufen: „VATERS!“ Im Namen des .... „SOHNES!“ Und im Namen des Heiligen ... „GEISTES!“ Alle gemeinsam: „Amen!“

Diese Mischung von klassischer Liturgie und Fußball-Fanrufen machte gleich zu Beginn deutlich, dass hier zwei Kulturen zusammenkommen. Damit alle hierbei mitmachen, müssen sie aus ihrer Komfortzone heraustreten – und man muss das vor Beginn einmal mit allen üben.

Im Anfangsteil des Gottesdienstes gab es eine Talkrunde zu den Ergebnissen der 1. und 2. Bundesliga und daran anknüpfend ein vertiefendes Gespräch zum Thema „Umgang mit Enttäuschungen, Niederlagen, Siegen im Leben“. Das Ganze mündete in einem zusammenfassenden Gebet. Auch die Predigt versuchte, biblische Texte mit Fußballthemen und der Lebenswirklichkeit der Menschen zu verbinden (Beispiel: Jesus als Coach, Teamplay, ...). Ein Highlight des Gottesdienstes war immer das Interview mit einem besonderen

Gast – ein Spieler, Trainer oder Funktionär aus dem Profi-Fußball. Und der Fußballklassiker „You never walk alone“ durfte in den Gottesdiensten natürlich nicht fehlen.

Neben den Hattrick-Gottesdiensten in der Jugendkirche hatten wir auch Fußball-Gottesdienste im Vereinsheim, in einer ganz normalen Kirche (etwa anlässlich des Aufstiegs der SpVgg Greuther Fürth) und in den letzten Jahren auch Fußballgottesdienste zum Saisonauftakt direkt im Stadion. Dabei haben wir gelernt: Deko und Atmosphäre spielen eine wichtige Rolle, damit Fußballfans sich bei Fußballgottesdiensten auch „zu Hause fühlen“. Es lohnt sich, gottesdienstliche Elemente und Fußballkultur mutig, aber auch sorgfältig zusammenzubringen. Grundsätzlich kann man auf zwei Seiten „vom Pferd fallen“: Entweder geht es nur noch um Fußball und Glaube, Theologie, Kommunikation des Evangeliums kommen zu kurz oder es ist ein klassischer Gottesdienst, der das Fußballthema nur als Lockmittel nutzt. Ein echtes Interesse an Inkulturation des Evangeliums besteht nicht. Hier gilt es eine gute Balance zu finden.

Wir hatten bei den Gottesdiensten eine große Altersspanne – von Konfigruppen aus der Region bis hin zu älteren Fußballfans. Das forderte heraus, den Gottesdienst generationenübergreifend auszurichten.

Unsere wichtigsten Erfahrungen

1. Teamplay ist alles: Plant den Gottesdienst mit anderen Gemeinden in der Region, am besten auch ökumenisch mit katholischen und freikirchlichen Kirchengemeinden. Und nutzt oder knüpft Kontakte mit den örtlichen Fußballvereinen und auch mit den großen Profivereinen der Region.
2. Raus aus der Komfortzone: Die Jugendkirche in Nürnberg ist ein Anders-Ort, kein klassisches Kirchengebäude. Mehr Aufwand, aber sinnvoll ist das Vereinsheim eines Fußballclubs, ein Fußballplatz oder – wenn es gelingt – das Fußballstadion oder das Gelände eines Bundesligisten.

3. Seid mutig im Bereich Inkulturation: Übersetzt kirchliche Sprache, Rituale und Formen in die Fußballwelt und verbindet die zwei wunderbaren Welten Fußball und Kirche!

Michael Wolf

ist Pfarrer der bayerischen Landeskirche, Referent für Kirchen- und Gemeindeentwicklung im Landeskirchenamt München, hat eine Dauerkarte der Spielvereinigung Greuther Fürth und ist Vorsitzender des Fürth-Fanclubs „Rohrer Teebeutel".

Literatur und Links:

- Christliches Fußballernetzwerk www.cfn-ev.de
- Kapperer, Thorsten: Leidenschaft und Fußball – ein pastoraltheologisches Lernfeld, Echter Verlag, www.fussball-kirche.de
- Möller, Christian: Fußball und Kirche, wunderliche Wechselwirkungen, 1997

Modell 5

Mit Gott in der Achterbahn

Kirche im Europa-Park

Auf dem Weg zum Gottesdienst tauchst du in eine andere Welt. Der Flair eines portugiesischen Klosters umgibt dich und du fühlst Urlaubsstimmung in dir aufsteigen. Von den zu den Wellness-Oasen eilenden Hotelgästen wird das Urlaubsfeeling noch verstärkt. Du betrittst die Klosterbibliothek und nimmst Platz auf einem roten, gepolsterten und herrlich bequemen Stuhl. Vom innen liegenden Balkon schaut ein Mönch auf dich herab – der sich bei näherem Hinsehen als Dekoration entpuppt.

Wir feiern Gottesdienst im 4-Sterne-Superior-Hotel Santa Isabel im Europa-Parks, einem von sechs Themenhotels des Europa-Park. Das Hotel Santa Isabel ist im Stil eines alten portugiesischen Klosters erbaut. Hier findet sich sogar eine kleine, Kapelle, in der viele Taufen, Hochzeiten und Ehejubiläen gefeiert werden. Für öffentliche Gottesdienste ist die sogenannte Jakobuskapelle mit ihren 25 Sitzplätzen jedoch zu klein, sodass wir in den angrenzenden Konferenzraum ausweichen, der im Stil der Klosterbibliothek gehalten ist.

Dreimal im Jahr (zu Ostern, Erntedank und Advent) dürfen wir an diesem besonderen Ort Gott loben, Gottes Wort hören und Gemeinschaft feiern. Möglich ist dies dank einer Kooperation zwischen Europa-Park, Evangelischer Landeskirche in Baden und der Erzdiözese Freiburg. Seit dem Jahr 2005 arbeiten ein katholischer Diakon und ein/e evangelische Diakon/in im Europa-Park und bringen die Kirche mitten unter die Gäste und Mitarbeitenden des Europa-Parks. Die Gottesdienste sind ein fester Bestandteil unserer Tätigkeitsfelder.

Das Angebot wird besucht von einer wachsenden Zahl Europa-Park- und Freizeitpark-Fans, außerdem Familien, deren Kinder in einer der Kirchen und Kapellen getauft wurden, Paaren, die im Europa-Park geheiratet haben, oder auch Mitarbeitenden des Europa-Park und Menschen aus der Region, die einfach nur Freude daran haben, an diesem besonderen Ort in dieser bunten Runde Gottesdienst zu feiern.

Musikalisch wird der Gottesdienst von unterschiedlichen Musikgruppen, Bands oder Chören aus der Nähe oder Ferne begleitet. Ein ehrenamtliches Filmteam nimmt die Gottesdienste auf und veröffentlicht sie auf unserem YouTube-Kanal. So können auch Menschen in der Ferne auf digitalem Weg Kontakt zu uns halten und knüpfen. Der Europa-Park unterstützt uns bei der Durchführung mit Ton- und Lichttechnik und lädt außerdem im Anschluss zu Gemeinschaft bei Kaffee und süßen Stückchen ein.

Jeder unserer Gottesdienste ist anders – agendarische Elemente sind uns jedoch wichtig und geben Struktur. Wir feiern konsequent und selbstverständlich in ökumenischer Verbundenheit, ohne dies besonders herauszustellen. So wird Ökumene selbstverständlich. Wir bemühen uns, Menschen jeden Alters zu erreichen. Niemand soll sich langweilen müssen. Wir bauen spielerische Elemente ein, bringen die Menschen ins Gespräch und bieten besondere Aufgaben für Kinder an. Inhaltlich bedienen wir uns an den schier unerschöpflichen Themen und Inspirationen, die der Europa-Park tagtäglich zur Verfügung stellt und deuten diese Elemente anthropo-theologisch aus. Ein schönes Beispiel hierfür ist die Achterbahn mit ihren Höhen, Tiefen und dem Wissen, am Ende der Fahrt (des Lebens) auszusteigen und festen Grund unter den Füßen zu haben – willkommen zu sein. Aus diesem

Bild entwickelte sich auch unser Motto und Social-Media Hashtag #mitGottinderAchterbahn.

Aktuell sind wir bei der Kirche im Europa-Park dabei, ein eigenes Maskottchen zu entwickeln, das kurz vor seiner „Veröffentlichung" steht. Dieses liebenswerte fiktive Wesen mit all seinen wahren und fiktiven Geschichten wird Teil unserer Gottesdienste und Verkündigungen werden und auch unseren anderen Angeboten noch einmal eine besondere Note verleihen und die großen und kleinen Gäste verzaubern.

Eine Besonderheit ist die Zusammensetzung des ehrenamtlichen Teams, das die Gottesdienste mit den Hauptamtlichen vorbereitet. Es setzt sich aus Europa-Park-Fans zusammen, die über ganz Deutschland verteilt sind und die vor allem der Ort „Europa-Park" zusammenbringt. Die Vorbereitungen sind somit in der Regel digital – zur Feier des Gottesdienstes kommen die Ehrenamtlichen angereist und verbringen in der Regel noch ein paar Tage an ihrem Lieblingsort Europa-Park.

Die Gottesdienste im Europa-Park haben eine ganz eigene Zielgruppe. Da ein anschließender Besuch des Europa-Parks nur mit gültiger Eintrittskarte möglich ist, bleiben – verständlicherweise – insbesondere Familien mit Kindern ohne Jahreskarte zuhause. Der ausschließliche Besuch eines Gottesdienstes im Europa-Park ohne Achterbahnfahrt im Anschluss birgt familiäres Konfliktpotential. Und wir sehen: Fast jedes Format, das bestimmte Menschen ansprechen will, schließt andere aus.

Umso mehr Bedeutung bekommt das YouTube-Format. Über dieses Format fühlen sich Traupaare, Taufeltern und sonstige Personen, die uns kennenlernen durften, verbunden – auch wenn sie über ganz Deutschland, die Schweiz und das Elsass verteilt sind.

Unsere wichtigsten Erfahrungen

1. Das Selbstverständnis der Ökumene tut uns und allen Menschen gut. Wir verstehen uns als „Kirche im Europa-Park" – an den wenigsten Stellen ist es von Bedeutung, ob wir evangelisch oder katholisch sind. Es gelingt problemlos, die wenigen Unterschiede zu

akzeptieren und für die Eigenheiten und spezifischen Besonderheiten der jeweils anderen Konfession Spielräume zu öffnen. Für die Menschen, die mit uns verbunden sind, spielt die Konfession keine wesentliche Rolle. Erst vor ein paar Wochen stellten wir fest, dass im Laufe der Zusammenarbeit auch das „ökumenisch“ auf unseren Gottesdienstflyern wegfiel. Eine solch selbstverständliche ökumenische Zusammenarbeit sollte es öfter geben.

2. Digitale und präsentische Gemeinschaft gehen bei uns Hand in Hand. Da die mit uns verbundenen Menschen weit verstreut leben, haben wir eine lebendige digitale Gemeinschaft (auch bei Gottesdiensten) über YouTube, Instagram und Videokonferenzen. Bei Besuchen des Europa-Parks wird die Gemeinschaft präsentisch – beide Formen tragen zur Pflege und zum Gelingen der Gemeinschaft bei.
3. Habt Mut zu Kooperationen und der Suche nach Orten, an denen Kirche nicht unbedingt erwartet wird. Es lohnt sich!

Andrea Ziegler und Thomas Schneeberger

gestalten im Auftrag der Landeskirche Baden bzw. des Erzbistums Freiburg kirchliches Leben zwischen Freizeitpark-Gästen, Mitarbeitenden, Fahrgeschäften und Essensduft. Sie begleiten Menschen in den Achterbahnen ihres Lebens und entwickeln Angebote kirchlicher Präsenz im Europa-Park. Zur Entspannung trinken sie gerne mit ihren Gästen eine Tasse Kaffee im Hotel Colosseo und genießen das italienische Urlaubsambiente.

Wer mehr über die Kirche im Europa-Park erfahren möchte, kann sich hier informieren:

- www.kirche-im-europa-park.de
- Instagram @kirche_im_europa_park
- YouTube-Kanal: Kirche im Europa-Park

Modell 6

Jesus in my Car

Gottesdienste im Auto-Kino

Mitten im Lockdown der ersten Corona-Welle haben wir uns die Frage gestellt: „Wie können wir unsere Gemeinde in diesen Zeiten, in denen jeder zu Hause sitzt und sich isoliert fühlt, zusammenhalten?" Der Gottesdienst als Medizin gegen diese Isolation war uns enorm wichtig. So haben wir angefangen, einen Online-Gottesdienst ins Leben zu rufen. Aber das war uns nicht genug. Wir wollten, dass Menschen zusammenkommen und sich dabei im Gottesdienst sehen und nicht einfach nur ein Online-Angebot wahrnehmen. Aber wie kann man das mitten im Pandemie-Lockdown realisieren? Hier kam die Idee auf, einen Gottesdienst im Autokino-Format zu feiern.

In unserem Ort haben wir einen ehemaligen Sportplatz zum Parkplatz umfunktioniert. Der ist gut zu erreichen und liegt doch so weit abseits, so dass niemand gestört wird. Technisch begabte Leute aus unserer Gemeinde wussten, wie man einen kleinen Piratensender so einstellt, dass wir den Ton aus der Anlage in jedes Autoradio auf einer vorher genannten Frequenz übertragen konnten. Eine leichte Anhöhe, von der man überall auf dem Platz zu sehen war, konnten wir als

Bühne nutzen. Alle anderen Vorbereitungen waren keine große Herausforderung: Wir bauten unsere Ton-Anlage unter einem Pavillon auf und unsere Sänger und Musiker aus der Gemeinde begleiteten die gemeinsamen Lieder. Die Mehrheit unserer Gemeinde ist es gewohnt, dass wir zeitgemäße christliche Lieder zusammen singen. Eine Gruppe junger Männer half beim Einweisen der Parkplätze und schon konnte es losgehen.

Unsere Zielgruppe war unsere gesamte Gemeinde, jung und alt. Im Auto sitzen bleiben zu können, stellte sich für Familien mit kleinen Kindern als besonders attraktiv heraus: Die Kids konnten auf der Rückbank spielen, bekamen den Gottesdienst trotzdem mit und spätestens beim Hupkonzert waren sie ganz bei der Sache. Denn eine Besonderheit im Drive-in-Gottesdienst war es, dass die Gemeinde als Mitmach-Angebot an bestimmten Stellen bei den Liedern hupen sollte, so dass die Songs als Hup-Konzert inszeniert wurden. Extra für die Gottesdienste haben wir Judy Baileys Song „Jesus in my house" in „Jesus in my car" umgedichtet und gesungen: Das hat viel Spaß gemacht und ermöglichte eine hörbare Mitwirkung am Gottesdienst.

Einmal haben wir uns besondere Gäste geleistet: Helmut und Ruthild Jost waren als Künstler dabei und bereicherten den Gottesdienst mit eigenen Songs und begleiteten die gemeinsamen Lieder. Ansonsten haben wir die Musik mit unserer eigenen Band gestaltet. Der liturgische Ablauf des Gottesdienstes war an einem einfachen Sonntagsgottesdienst orientiert, aber mit etwas gekürztem Eingangsteil, Musik, Verkündigung und Fürbitten. Die Predigt war kurz und knackig und so, dass Inhalt und Sprache für alle Altersgruppen verständlich waren. Die Verkündigung griff die Situation auf, in der wir uns damals befanden: Wie kann ich in der Isolation trotzdem versuchen, Kontakt zu halten? Was verbindet uns und lässt uns als Gemeinde und als Christ überleben? Was trägt uns in schwierigen Zeiten?

Eine Schwierigkeit sahen wir trotzdem noch: In einem Gottesdienst im Auto setzt sich die Isolation eigentlich ja fort. Das Bedürfnis der Leute in der Gemeinde war es aber, sich auch noch zu sehen. So hatten wir uns für den Auszug der Autos eine Choreographie überlegt, bei der jedes Auto bei der Ausfahrt an allen anderen einmal vorbeikommt, bevor es das Gelände verlässt. So konnten sich alle noch mal sehen und sich zuwinken. Die Idee, auch noch Snacks und Getränke an die Autos zu bringen, mussten wir aus Hygienegründen dann doch wieder verwerfen. Aber die Auszugschoreografie, die hat's gebracht!

Die Resonanz auf den ersten Drive-in-Gottesdienst war so gut, dass die Hessenschau und RTL-Regional sich dafür interessiert und Beiträge darüber gebracht haben. Wir merkten auch, dass es den Menschen unheimlich gut getan hat und auch einige aus den Nachbargemeinden gekommen sind.

Die Durchführung hat sich vom Aufwand her in Grenzen gehalten und in jedem Fall gelohnt: Neben der Werbung in der Gemeinde brauchten wir Tontechnik, Parkplatzeinweiser und etwa zehn Mitwirkende im Gottesdienst. Die Parkplatzeinweiser haben vorher die Parkplätze markiert, waren dann das Begrüßungskomitee und leiteten zum Schluss die Choreographie beim Rausfahren. Auf Anhieb hat alles gut geklappt. Nur das Einrichten und Positionieren des Senders war etwas knifflig und musste vorher gut ausprobiert werden.

Wir wollen diese Gottesdienstform in jedem Fall wiederholen. Denn viele, die dabei waren, werden sich erinnern: Damals haben wir der misslichen Situation ein Schnippchen geschlagen! Man kann das besondere Flair dieser Gottesdienste an einem ungewöhnlichen Ort nicht konservieren und es setzt natürlich voraus, dass Menschen einen PKW haben, aber: Im Auto kannst du frühstücken und trotzdem aktiv dabei sein. Es ist eine spannende Mischung aus Nähe und Distanz, und Kinder können auch mal quatschen, ohne dass es gleich störend wirkt.

Christoph Buskies

© PRomikon

Christoph Buskies (geboren 1960 in Wanne-Eickel) hat 1991 die Promikon-Arbeit (Projekt für missionarische Konzert Arbeit) gegründet. Von 1999 bis 2024 war er darüber hinaus tätig als Religions- und Gemeindepädagoge in der Kirchengemeinde Edingen Greifenstein.

Dr. Armin Kistenbrügge

© Hannah Lebershausen

(geboren 1964) ist Pfarrer in Edingen und Greifenstein und zugleich Polizeipfarrer im Polizeipräsidium Mittelhessen.

Modell 7

„Die Vielfalt feiern!"

Gottesdienst zum Christopher Street Day

*Ihre Mischung aus Verletzlichkeit und Stärke erinnert mich an Jesus und das Kreuz. Ihre Aufgabe ist es, den Friedensgruß einzuleiten. Und da steht sie nun – und zeigt sich bzw. viel zu viel von sich: viel Haut und eng anliegende Lederklamotten. Die Hände hält sie zusammengefaltet vor sich, es sieht ganz bescheiden aus, wie zum Beten. Erst als sie die Arme anhebt und die Hände immer noch aneinanderliegen, geraten die Handschellen in den Blick. „Dank G*tt habe ich Frieden mit mir und in meiner Beziehung gefunden – einen Frieden, der höher ist als alle Vernunft. Steht zu euch, so wie G*tt euch geschaffen hat! G*tt hat Frieden mit uns gemacht – möge dieser Friede in uns und unter uns Gestalt gewinnen!"*

In einem Park im Zentrum Kölns feierten wir unseren CSD-Gottesdienst. Der Park lag direkt neben einem Elektromarkt und einem Programmkino (u. a. mit feministischen Filmreihen) und in der Nähe eines Cruising-Bereichs. Die Sonne schien, ein paar Neugierige hatten sich um uns herum versammelt. Und nicht mal an diesem öffentlichkeitswirksamen Event präsentieren wir uns als MCC Köln (Metropolitan Community Church) in einem öffentlichkeitstauglichen Licht.

Körperformen, Klamotten, Geschlechtsausdrücke, romantische Orientierungen: Wenig an uns war „normal" oder „repräsentativ".

Der erste Gay Pride (was später bei uns die Vorlage für die CSDs wurde) fand 1970 in Los Angeles (USA) statt. Anlass war der Jahrestag der Stonewall Riots[1] von 1969. Statt einer Demonstration sollte es eine Parade geben: bunt, vielfältig, laut, selbstbewusst, feiernd. Diese Idee kam von Troy Perry, einem der drei Hauptinitiatoren. Zwei Jahre zuvor hatte er die MCC gegründet, eine Kirche aus, mit und für die LBTIQ-Community, ohne jemals auf Menschen mit diesen Lebensweisen beschränkt zu sein. Der CSD ist daher sowohl vom Rahmen als auch von den Leuten her vertrautes Umfeld für die MCC.

Was den CSD-Gottesdienst für uns zu einem Event macht, ist nicht die Besonderheit des Umfelds, der Teilnehmenden oder der liturgischen Gestaltung. Wir feiern am CSD in einem für uns vertrauten Umfeld, mit denselben Durchführenden wie das ganze Jahr über und mit denselben liturgischen Elementen wie jeden Sonntag. Allerdings mit sehr viel mehr Unsicherheiten und Aufwand. Die Frage ist weniger: „Was machen wir unter diesen Umständen anders als sonst?", sondern: „Wie bekommen wir unter diesen Umständen das hin, was wir sonst eh immer machen?"

Konkret betrifft das dann Fragen wie: Wie wird das Wetter? Wie bekommen wir unsere Sachen transportiert? Wie halten die Kerzenlichter dem Wind stand? Wie können Menschen einen Weg und einen Platz finden, die nicht so gut laufen oder sitzen können? Wie werden Wortbeiträge verständlich, Lieder mitsingbar und die Einladung zum offenen Abendmahl umsetzbar? Wie viele Kopien vom Ablauf und den Texten sollen wir mitbringen? Brauchen wir Strom?

Und vor allem: Wenn wir nur diesen einen Moment haben, wie können wir dann unserer internen Vielfalt an Glaubensperspektiven Ausdruck verleihen? Einmal sprach ich nach einem CSD-Gottesdienst mit zwei klugen, progressiven, gebildeten und weit herumgekomme-

1 Die Stonewall Riots waren eine Serie von gewalttätigen Konflikten zwischen LGBT-Personen und Polizeibeamten in New York.

nen Cis-Männern. Die Predigt einer Person aus unserer Gemeinde war ihnen nicht progressiv genug gewesen; der Gottesdienst und die MCC seien also leider nichts für sie. Damit hatten sie leider Recht: Wenn du nur mit Leuten Gottesdienst feiern kannst, die exakt dasselbe glauben wie du selbst, wirst du dir mit der Vielfalt in der MCC schwertun.

Andere tun sich mit der MCC an sich schwer. Die erste MCC-Kirche, die wir besaßen, wurde niedergebrannt. Auf den MCC-Gottesdienst beim CSD in New Orleans 1973 wurde ein Brandanschlag verübt. 12 Menschen wurden verletzt, 29 starben. 21 MCC-Gemeinden wurden Opfer von Brandanschlägen. Die MCC-Weltkonferenz in Acapulco 2010 war die erste, zu der nicht im Vorfeld Bombendrohungen eingegangen waren. Bis heute sehen wir uns weltweit Bedrohungen und Angriffen ausgesetzt. Auch das spielt immer wieder eine Rolle: Wie sicher sind wir in der Öffentlichkeit? Müssen wir irgendetwas bedenken, müssen wir Vorkehrungen treffen?

Dennoch gehören öffentliche Gottesdienste zum Herzstück unseres Selbstverständnisses. Nicht unbedingt, weil wir dann alles anders machen als sonst. Sondern weil das, was wir immer machen, einen breiteren Kontext miteinbezieht – ähnlich wie bei einem Coming-Out, wenn einzelne (und für dich selbst eigentlich gewohnte) Aspekte des eigenen Daseins plötzlich besondere Aufmerksamkeit bekommen:

- Das liturgische Geschehen liegt nicht in der Hand von bezahlten Profis, sondern wird von uns allen geplant und umgesetzt? Bei einem öffentlichen Event fällt das umso mehr auf.
- Bei uns gibt es Raum für unterschiedliche, vielleicht sogar widersprüchliche Lebens- und Glaubensformen? Bei einem öffentlichen Event fällt das umso mehr auf.
- Als MCC Köln arbeiten wir wenig mit beeindruckender Licht- und Tontechnik, aber sehr gerne mit Menschen und Menschlichkeit? Bei einem öffentlichen Event fällt das umso mehr auf.

- In der MCC hat Bewährtes und Stabiles genauso Raum wie Versuche, mal andere Worte und Formen auszuprobieren, auch wenn diese Schritte vielleicht fragil, stolpernd und eher suchend sind? Bei einem öffentlichen Event fällt das umso mehr auf.

Die Öffentlichkeit des Events setzt uns also vor allem äußeren Bewertungsmaßstäben viel exponierter aus. Was ist ein „gelungener“ Gottesdienst? Was macht einen Gottesdienst aus? Wer und was trägt einen Gottesdienst? Wer und was in uns fühlt sich von einem Gottesdienst getragen? Wie werden diese Gefühle erzeugt? Event-Gottesdienste wirken bei uns deshalb wie eine Lupe: Was eh da ist, zeigt sich in größerem Maßstab. Nicht, weil wir mit stärkeren Mitteln oder höherer Intensität daran arbeiten, sondern umgekehrt: Das Event wirft ein helleres Licht auf das, was wir eh tun. Allerdings gehen dabei bei manchen vielleicht auch Scheinwerfer an, mit denen wir selbst unser Tun gar nicht so sehr beleuchten würden. Auch das ist wieder so ein Lupen-Effekt: Wessen Sichtweise ist denn entscheidend bei Einschätzungen über unsere Gottesdienste? Diejenigen, die am ehesten aus sonst normalisierten Blickwinkeln gucken, dürfen hier gerne auch mal irritiert blinzeln und neue Sichtweisen kennenlernen.

Die Besonderheit eines Event-Gottesdienstes dürfte in unserem Fall also eher in der Besonderheit des Events liegen als darin, dass wir dabei so viel besonders Anderes als sonst tun:

- Die Öffentlichkeit eines Events ist nicht wichtiger als die persönlichen Erfahrungen, die wir mit- und einbringen. Das Event ruft uns ins Bewusstsein, dass wir Gottesdienste anhand selbst erlebter Gottesbezüge gestalten wollen.
- Die Techniken von Events sind nicht wichtiger als die persönlichen Erfahrungen, die wir mit- und einbringen. Das Event ruft uns ins Bewusstsein, dass wir Gottesdienste anhand menschlicher und menschelnder Gottesbezüge gestalten wollen.

- Der oft gesuchte Massencharakter von Events ist nicht wichtiger als die unterschiedlichen Erfahrungen, die wir mit- und einbringen. Das Event ruft uns ins Bewusstsein, dass wir Gottesdienste anhand vielfältiger Gottesbezüge gestalten wollen.

Ines-Paul Baumann

© Jörn Neumann

(er&sie/keins) lebt in Köln, ist dort Pastor* der Metropolitan Community Church (MCC) und macht im rubicon Bildungsarbeit und Beratung für Regenbogenfamilien und für geschlechtliche Vielfalt. Ines-Paul ist eins von drei Elternteilen mit zwei Kindern und schreibt als Person, die weiß, gebildet, trans*-maskulin, bisexuell, (meistens) neurounauffällig und mehrheitsmäßig abled ist.

Modell 8

Bedingungslose Liebe!

Segen tanken am Valentinstag

An diesem Abend durfte ich zweieinhalb Stunden am Stück segnen und dabei Dankbarkeit, Freudentränen und tiefes Glück erleben. Viele haben weite Wegstrecken zurückgelegt, um sich am Valentinstag mit ihrer Partnerin oder ihrem Partner, ihrer Freundin oder ihrem Freund in unserer Kirche segnen zu lassen. Sie folgten unserer Einladung zu einem Stationen-Gottesdienst mit der Überschrift „Wir segnen Euch! Paare, Freundschaften, besondere Beziehungen. Keine Bedingungen."

Menschen sehnen sich nach besonderen Resonanzmomenten für ihr Leben. Ziel war an diesem Abend deshalb, besondere zwischenmenschliche Beziehungen in den Mittelpunkt zu rücken und den oft großen Gefühlen rituell Raum zu geben. Und so kamen eine Vielzahl von Paaren, Freundinnen und Freunde sowie Geschwister, um sich ihre Verbindung mit ihrer je besonderen Geschichte segnen zu lassen.

Es war uns wichtig, den jeweiligen Segensmoment möglichst individuell und persönlich zu gestalten. Daher (und um die Wartezeit angenehm zu gestalten) entschieden wir uns dafür, verschiedene Stationen im Kirchenraum vorzubereiten. Der gesamte Kirchenraum war modern dekoriert und durch farbige LED-Strahler ansprechend in Szene gesetzt. Zunächst begrüßten Ehrenamtliche aus unserem Jungen Chor die Teilnehmenden am Kircheneingang freundlich und erläuterten ihnen die verschiedenen Angebote.

Alle bekamen ein kleines Klemmbrett mit einem Fragebogen und einen Cocktail von der stilvoll gestalteten Bar. An Stehtischen oder in den Kirchenbänken machten sich die Paare dann daran, die Fragen zu beantworten – teilweise in Textform oder durch Ankreuzen. Wir beobachteten, dass bereits hier viel gelacht wurde und die Teilnehmenden sich sichtbar gerührt austauschten. Ebenfalls auszuwählen war hier die Musik. Unsere Kirchenmusikerin und eine Sängerin hatten im Vorfeld zehn Songs aus verschiedenen Genres ausgesucht – orientiert an den musikalischen Wünschen der letzten Hochzeiten. Die Teilnehmenden konnten für ihren Segensmoment einen dieser Live-Songs aussuchen oder einen alternativen Song eintragen, der durch unsere Technik-Crew eingespielt werden sollte.

Unsere Konfis sammelten dann die Klemmbretter ein und bereiteten mir als Pfarrperson je eine kleine Kladde mit allen wichtigen Infos vor. Außerdem informierten sie die Musikerinnen und die Technik-Crew über den jeweiligen Musikwunsch. In der weiteren Wartezeit gab es an einer weiteren Station die Möglichkeit, eine Segenskerze zu gestalten. Dazu lagen Kerzen, Wachsplatten und Wachsstifte bereit. Die gestalteten Kerzen konnten nach dem Segen gemeinsam an der Osterkerze entzündet werden. Die Paare kamen an der Bar auch untereinander ins Gespräch. Es war schön zu beobachten, wie sie sich gegenseitig ihre Lebensgeschichten erzählten und wie der Anlass an sich etwas Verbindendes schuf und Vertrauen initiierte.

Vor dem Segensmoment am Altar führte ich mit jedem Paar noch ein kurzes Kennenlerngespräch und stellte ggf. Nachfragen zum Fragebogen. Dann gingen wir zum Altar. Aus den Informationen aus Fragebogen, dem Gespräch und unter Einbeziehung eines vom Paar ausgewählten Bibelverses hielt ich jeweils eine kurze persönliche Ansprache. Mitunter entwickelte sich daraus auch nochmal ein kleines

Gespräch und Menschen sprachen sich gegenseitig berührende persönliche Worte zu.

Die Geschichten waren so unterschiedlich: Zwei Schwestern, die sich nach vielen Jahren wiedergetroffen haben und nun „beste Freundinnen" geworden sind, wollten einen Segen haben. Ein Ehepaar, das einige Jahre getrennt war und sich nun wiedergefunden hatte, feierte mit dem Segen ihren Neubeginn. Ein Paar war da, das nach dem Fremdgehen einer Partnerperson einen Moment der Versöhnung und des Neubeginns brauchte. Ein Ehepaar erschien, das in freudiger Erwartung eines Kindes war und sich durch den Segen Begleitung und Schutz in dieser neuen Lebensphase erhoffte. Zwei Frauen erzählten, dass sie mal ein Paar waren, sich voneinander getrennt hatten und nun als Freundinnen weiter gemeinsam durchs Leben gehen mochten. Besonders berührte mich ein Paar aus der Rockabilly-Szene, das im Stil der 60er gekleidet war. Der Mann bat spontan um ein Mikro und performte mit Playback einen Elvis-Song für seine Liebste.

Die letzte Station am Abend bildete unsere Fotobox. Dort haben die Paare schöne und lustige Erinnerungsfotos an diesen Moment geschossen, die sie direkt mitnehmen konnten. Am Schluss des Abends kamen meine Konfis zu mir und baten um einen gemeinsamen Segen mit mir als Konfigruppe, was mich sehr glücklich machte. Wir hatten dann beim Abbau laut Musik an und es fühlte sich nicht nach Arbeit an, sondern nach einer gelungenen Party, wo jede und jeder noch kurz mitanpackte.

Die besondere Stärke dieses Gottesdienstes lag in der individuellen Zuwendung gegenüber den Teilnehmenden. Alle kamen mit ihrer persönlichen Situation vor und Sprache und Musik waren zugeschnitten auf die Menschen. Dennoch entstanden Gemeinschaft und Austausch über Alters- und Milieugrenzen hinweg. Es war viel Bewegung in der Kirche, doch die Atmosphäre durch Bar, Beleuchtung und Dekoration schuf eine entspannte Ruhe. Viele gaben an, den Kirchenraum noch nie so erlebt zu haben wie an diesem Abend. Die Einbeziehung vieler Ehrenamtlicher aus der Gemeinde sorgte zudem für ein besonderes

Wir-Gefühl im Team. Alle waren stolz, diesen besonderen Gottesdienstabend auf die Beine gestellt zu haben.

Eine Erkenntnis aus unseren Event-Gottesdiensten ist, dass die Atmosphäre im Raum wesentlich ist für das Gelingen und besonders die Niederschwelligkeit. Wir überlassen in unserer Kirche Beleuchtung, Dekoration und die Begrüßung am Eingang nicht dem Zufall, sondern bringen sie bewusst ins Gespräch mit Charakter und Inhalt des jeweiligen Gottesdienstes. So schaffen wir ein Ambiente, in dem sich Menschen willkommen und wohlfühlen. Die nicht-agendarischen Themen-Gottesdienste, die wir mindestens einmal im Monat abends feiern, finden grundsätzlich mit einem Moment der Vergemeinschaftung statt, etwa durch Getränke und Snacks im Anschluss im mittelalterlichen Chorraum hinter dem Altar. Die Getränke sind dabei grundsätzlich kostenfrei bzw. auf Spendenbasis. So kommen unterschiedliche Menschen miteinander in Kontakt und es entsteht eine Verbindung zur Gemeinde.

Unsere wichtigsten Erfahrungen

1. Wir denken unsere Gottesdienste immer von unterschiedlichen Menschen her und haben dabei besonders solche im Blick, die bislang oder schon länger keinen Kontakt mehr zu Kirche hatten. Ein simples „In-die-Menschen-Hineinversetzen", für die Gottesdienst keine vertraute Situation ist, verändert die Themen, die Werbung und die Durchführung von Gottesdiensten – besonders eine Begrüßungs- und Willkommenskultur ist hier elementar.
2. Menschen sollten in ihrer Unterschiedlichkeit wahrgenommen werden und im Gottesdienst vorkommen. Partizipative Elemente sind dabei wesentlich. Wir versuchen mehr und mehr, Menschen ihre Geschichte erzählen zu lassen und sie mit dem Evangelium in Beziehung zu setzen. Es ist immer wieder spannend und bereichernd für alle, zu erleben, was dabei passiert.
3. Wir wollen es schön machen für Menschen: Der Besuch des Gottesdienstes sollte kein ästhetisches Downgrade zum sonstigen Leben sein – eher im Gegenteil. Angefangen bei einer ansprechenden

Gestaltung der Liedblätter bis zu einem angemessen inszenierten Kirchenraum (z. B. durch Licht, Blumenschmuck, kein Chaos!) – wir achten auf eine Ästhetik auf der Höhe der Zeit. Es ist hilfreich, sich an anderen schön gestalteten Orten umzusehen, ihre Inszenierung zu analysieren und dabei für die Gestaltung von Gottesdienst-Räumen zu lernen.

Jörg Niesner

(geboren 1984) ist Pfarrer in der mittelhessischen Kleinstadt Laubach.

Als @wasistdermensch ist er Teil des Sinnfluencer-Netzwerkes YEET der Evangelischen Kirche und postet bei Instagram zu Sinnfragen und aus seinem Leben. Auch in der Gemeindearbeit versucht Niesner neue Wege zu gehen und lernt dabei durch seine Erfahrungen aus den Sozialen Netzwerken

Modell 9

Blockbuster für Herz und Seele

Kirche im Kino

Ich liebe Kino – da ich trotz Netflix ungern Fernsehen schaue, weil ich doch immer wieder abgelenkt werde oder mich selbst ablenke, gehe ich mindestens einmal die Woche ins Kino. Wenn es im Kinosaal dunkel wird und ich für zwei Stunden ab- und in eine andere Welt eintauchen kann, entspanne ich.

Für das „Format Kirche" im Kino braucht es übrigens gar nicht viel: ein echtes Kino, das zur Kooperation bereit ist, und die Liebe zum Film. Ich schaue zwar die meisten Filme schon vorher an, um den richtigen Film für die Reihe auszuwählen, aber vielleicht braucht es das auch nicht unbedingt, sondern es reicht, nur zu sagen: „Den würde ich gerne sehen", und los geht es!

Unsere „Kinogemeinde" vertraut darauf, dass wir gut überlegt und gewissenhaft aussuchen: kein Horror, keine brutalen Actionszenen, Freigabe 12 Jahre, denn auch die Konfirmandinnen und Konfirmanden kommen gerne. Überhaupt gilt: Wir machen (noch) keine wilden Experimente in der Auswahl, keine komplizierten, intellektuellen Arthouse Filme – dafür ist in der Kleinstadt der Filmclub zus.tändig – sondern lieber Filme, die ohnehin gerade in aller Munde sind (Barbie, Mary Poppins, Bohemian Rhapsody ...). Ein bunter Strauß an abwechselnden Themen soll es auch sein, ein bisschen auch Wohlfühlkino. Nur am Volkstrauertrag wird es jedes Jahr ernst und traurig. Ansonsten zeigen wir keine Filme, in denen wir die Menschen verstört nach Hause entlassen. Kirche im Kino soll guttun, zum Lachen einladen und alle Sorgen vergessen lassen, wenigstens für zwei Stunden.

Ernst hingegen nehmen wir, das Vorbereitungsteam, unsere Texte, die wir schreiben. Wir suchen nach biblischen Worten oder Themen, die sich im Film wiederfinden oder genau im Gegensatz dazu stehen. Auch das kann spannend sein. Diese Einführung zu schreiben ist aufwendig, aber weil bestenfalls ein mehrköpfiges Team bei „Kirche im Kino" mitwirkt, wechselt die Vorbereitung von Film zu Film. Eine oder einer schreibt, alle lesen.

Neun Filme sind es inzwischen im Jahr: monatlich einer von September bis Mai mit einer langen Sommerpause von Juni bis August. Denn in den Sommermonaten sind auch die größten Cineasten draußen in der Natur. Schon nach unserer ersten Kirche im Kino wussten wir übrigens: Singen geht gar nicht, beten auch nicht. Aber eine Einführung in den Film und dessen Thema mit biblischem Impuls, das geht gut. Auch die zwanglose Begrüßung im Foyer des Kinos gehört unbedingt dazu sowie eine persönliche Verabschiedung an der Saaltür am Ende. Viele bleiben noch einen Moment im Foyer, reden und stehen zwanglos beieinander.

Als Uhrzeit hat sich der Sonntagnachmittag bewährt: 17:30 Uhr. Das ist nach dem Kaffee und dem Sonntagsspaziergang oder der Jogging-Runde und – was besonders wichtig zu sein scheint – vor dem Tatort.

Inzwischen haben wir tatsächlich eine treue Kino-Gemeinde, im Durchschnitt sind es etwa 80 - 100 Menschen, die regelmäßig kommen. Es gibt sogar WhatsApp-Gruppen „Kirche im Kino", in denen sich Fahrgemeinschaften bilden. Auch „ausverkauft" waren wir schon mehrfach und ließen enttäuschte, ja, fassungslose Menschen an der Kasse zurück. Wie? Die Kirche ist überfüllt?

Seitdem ist klar: Wenn sich bereits ein großes Interesse bei der Online-Buchung abzeichnet, dann wird einfach noch ein weiterer Kinosaal dazu genommen. Die Vorführung beginnt dort dann 15 Minuten später und wir halten unsere Einführung einfach ein zweites Mal.

Entscheidend in Bad Hersfeld ist die wunderbare Kooperation mit dem Cineplexkino vor Ort. Aber ich glaube, dass es in jeder Kleinstadt möglich ist. Warum? Weil wir dem Kino ein Publikum generieren, das in dieser Zusammensetzung womöglich niemals ins Kino gehen würden: 70-80jährige oder Konfirmandinnen und Konfirmanden mit ihren Müttern. Wir haben freie Hand bei der Auswahl der Filme, werden aber vom Kinoteam beraten. Die Flyer druckt das Kino und wir verteilen sie jedes Mal am Ende des Filmabends. Entscheidend für den Erfolg ist auch der Preis: Für einen Festpreis von 6.50 Euro kann man zum Teil aktuelle Filme schauen (z. B. „Barbie" im vergangenen Herbst), die regulär für manche unserer Besucherinnen und Besucher viel zu teuer wären. „Ich warte, bis der Film bei ‚Kirche im Kino' kommt", heißt es dann. Auch die Einführung ist für den Besuch entscheidend. Viele der Gäste sagen schon im Vorfeld: „Ich bin wieder gespannt, was ihr euch diesmal ausgedacht habt."

Imke Leipold

ist Pfarrerin für Kasualien und besondere Gottesdienste in Bad Hersfeld.

Modell 10

Kirche unterwegs

Gottesdienst auf dem Campingplatz

Der Campingplatz. Unendliche Weiten. Wir schreiben das Jahr 2024. Dies sind die Abenteuer des Raumschiffes „Kirche unterwegs“, das mit seiner Besatzung unterwegs ist, um die Urlaubswelten zu erforschen. Viele Lichtjahre von dem entfernt, wie Gottesdienst klassisch gefeiert wird, dringt die „Kirche unterwegs“ zu Menschen vor, die nie zuvor einen Gottesdienst besucht haben.

So pathetisch meine Einleitung auch klingt, sie kommt meinem Anspruch an das Feiern von Gottesdiensten auf Campingplätzen und in Urlaubsregionen schon sehr nahe.

In der Gestaltung orientiere ich mich dabei an (zugegebenermaßen zunächst fiktiven) Besucherinnen und Besuchern, die noch nie einen Gottesdienst besucht haben. Das heißt: Alles, was ich tue, muss für jeden und jede nachvollziehbar sein. Was nicht verstehbar ist, wird erklärt. Was nicht erklärt werden kann, wird weggelassen.

Ein konkretes Beispiel

Der Inhaber eines der Campingplätze, auf denen wir tätig sind, fordert uns heraus, Sonntagabends 19 Uhr kurze Gottesdienste zu feiern, in denen seine Gäste positive Impulse für ihr Leben bekommen. Er ist im weitesten Sinne spirituell, aber unkirchlich.

Die ersten Gottesdienste feiern wir in unserem kleinen Zirkuszelt und fühlen uns dabei schon wie richtige Pioniere. Der Auftrag „Gehet hin!“ scheint erfüllt. Das sieht der Platzbetreiber jedoch anders. Er führt einen modernen Camping- und Ferienpark und hat seinen Gästen versprochen „Zeit für Träume“ zu schaffen. Wir sollen ein Teil davon sein. So verlegt er uns vom sicheren Zelt auf seine offene Bühne ins Zentrum der Anlage, direkt neben der Außengastronomie. Jetzt sind wir die Gäste und beten, singen oder erzählen im Wettstreit mit den Schlagermelodien und Stammtischgesprächen der unmittelbaren Nachbarschaft. Die Stimmung ist seltsam angespannt bis abweisend.

Durch diese Erfahrung lernen sowohl ich als auch der Inhaber des Platzes, dass bei der Wahl des Ortes Nähe und Abstand zum Gast in einem gesunden Verhältnis stehen müssen. Wir wollen zwar die Schwelle zum Gottesdienstraum möglichst niedrig halten, nahe bei den Menschen sein, aber niemanden zwangsverpflichten, sich einen Gottesdienst anzuhören, der zum Beispiel nur ein Bier trinken will.

So wählen wir einen neuen Ort, der von allen eingesehen werden kann. Direkt am „Pilgerweg“ zwischen Zeltplatz, Waschhaus und Gemeinschaftstoilette. Die Menschen nehmen uns wahr, können aber Nähe und Abstand zum Geschehen in jedem Moment selbst bestimmen, und wir selbst befinden uns noch in einem dem Anlass entsprechenden „geschützten“ Rahmen.

Der Platzbetreiber überrascht uns dann, indem er mit seinem Wagen über den weitläufigen Platz fährt und über Lautsprecher einlädt wie zu jeder anderen Veranstaltung. Er schließt mit den Worten: „... ich komme auch!“ Das fördert die allgemeine Akzeptanz.

Wir bauen alles auf und geben uns Mühe mit der optischen Gestaltung. Ganz schön viel Arbeit jeden Sonntag, aber wichtig. Die beste Werbung ist ein optisch ansprechender Altarbereich, ausreichend Sitzgelegenheiten (Nähe und Abstand) und sichtbar drapierte

Musikinstrumente. Die Gesamtoptik des „Gottesdienstraumes“ ist ein Kriterium für den Gast, sich für oder gegen eine Teilnahme zu entscheiden. Sie deutet schon auf die Qualität des Gottesdienstes hin.

Wir starten mit musikalisch fröhlichen Openern. Sie sind der deutliche akustische Hinweis, dass der Gottesdienst beginnt, und gibt Unentschlossenen Zeit, sich zu setzen. Es sind auch säkulare Lieder dabei. Sie sollen Aufmerksamkeit schaffen. Solche Opener sind für manche Gäste ein zweites Entscheidungskriterium, ob sie sich auf alles Weitere einlassen oder nicht. Und sie sind ein Hinweis darauf, ob der Gottesdienst Schnee von gestern oder Musik von morgen ist.

Ich begrüße die Gäste und stelle mich kurz (mit Vornamen) vor. Ich erkläre in 2-3 Sätzen, warum es aus meiner Sicht sinnvoll sein kann, einen Gottesdienst zu besuchen.

Ich erwähne, wie lange dieser Gottesdienst dauern wird, und steigere so die Bereitschaft, sich darauf einzulassen. 30 Minuten sind ideal. Dann gebe ich der Hoffnung Ausdruck, dass Gott ebenfalls in unserer Mitte ist: „… weil Jesus einmal behauptet hat, dass er mitten unter uns ist, oder weil Gott versprochen hat, dass er uns nicht alleine lässt, oder weil ich in der Bibel gelesen habe, dass …“ Das wird verstärkt durch einen entsprechenden Vers. Und wir laden die Besucher ein, sich gegenseitig zu begrüßen.

Die meisten Menschen wollen im Urlaub nicht nur Objekte einer Veranstaltung sein, sondern ein Teil davon. Sie wollen wahrgenommen werden. „*Wo kommst du her? Wie viele Geschwister hast du? Wie lange bist du schon hier? Was hast du heute gemacht?*“ Fragen, mit denen man, gut moderiert, die Grenze zwischen Besucher und Gottesdienstteam aufbricht.

Darauf folgen zwei Begrüßungslieder. Eins für die Besucher und eins für Gott. Je nach Altersstruktur werden die Lieder durch Bewegungen unterstützt und die Besucher eingeladen, mitzumachen. Die Menschen auf dem Campingplatz sind überdurchschnittlich mitmachwillig. Sie kennen das durch verschiedene Animationen und sind in der anonymen Situation des Urlaubs oft lockerer als zuhause.

Wenn ich die Lesung eines biblischen Textes einbaue, muss ich erklären, warum. Zum Beispiel: „Heute war so ein tolles Wetter und ich hatte einen tollen Tag. Dafür könnte ich Gott eigentlich Danke sagen. So wie das ein Mann namens David getan hat. Er hat vor mehreren tausend Jahren gelebt und wohl auch einen tollen Tag gehabt. Seinen Dank hat er aufgeschrieben in einem Psalm." (Natürlich muss ich auch kurz erklären, was ein Psalm ist.)

Ich wünsche mir dann, dass die Menschen durch die Predigt etwas begreifen. Ich versuche, die Predigt nicht nur zu Gehör zu bringen, sondern idealerweise auch andere Sinne anzusprechen. Ich greife ein alltagsrelevantes Thema auf, von dem ich glaube, dass es sowohl mich als auch die Besucher bewegen könnte, und beleuchte es von verschiedenen Seiten. Viele Gäste interessiert es (noch) nicht, was „die Bibel dazu sagt". Aber es ist irgendwann in diesem Zusammenhang auch meine Aufgabe zu erzählen, wo ich mir Kraft und Orientierung herhole. Ich formuliere keine absoluten Glaubenssätze, sondern gebe Impulse, die das Denken des Gegenübers in Gang setzen sollen.

Je nach Begabung im Team folgt ein Instrumentalstück live, aus der Konserve oder ein gemeinsames Lied, welches das Thema vertieft oder durch Mitsingen die Möglichkeit gibt, auf das Erlebte selbst zu antworten. Lieder, die ich wähle, haben dabei in der Regel wenig Text und eine eingängige Melodie, so dass sich ein Lerneffekt bei dieser zufällig zusammengewürfelten Gemeinde schnell einstellt.

Anschließend lade ich die Gäste ein, es selbst mit dem Beten zu probieren. Da ich davon ausgehe, dass sie darin nicht geübt sind, wähle ich Formen, die es ihnen leichter machen. Sie können z. B.

- ihren Ärger auf einen Zettel schreiben und ihn in eine „Klagemauer" stecken (3-4 Hohlblocksteine auf oder neben dem Altar),
- eine Kerze anzünden und auf den Altar stellen,
- einen Stein mit ihren Sorgen zum Altar bringen
- oder ausgeschnittenes Blütenblatt aus Papier mit ihrem Dank.

Die Aktion wird musikalisch begleitet.

Und ich lade zum Vaterunser ein. Ich werbe für dieses prägnante Gebet und bitte die Gäste, still oder laut mitzubeten. Oft frage ich dann eines der Kinder, ob es ihm gut geht, und rege die Besucher dazu an, gerade in solchen Momenten an die zu denken, denen es nicht gut geht. Das kann man auf unterschiedliche Weise tun ... auch durch eine zweckgebundene Spende am Ende des Gottesdienstes. Da Urlauber auf dem Campingplatz selten mit dem Geldbeutel in der Hose unterwegs sind, verzichte ich auch oft auf diesen Teil.

Der Segen ist eines der wenigen Dinge, die ich nicht erkläre. Ich hatte bis jetzt immer den Eindruck, dass die meisten merken, was ein Segen ist, und ihn auch wollen. Beim Segen bleiben oft auch diejenigen kurz stehen, die unseren Gottesdienst zwischen Zeltplatz und Toilette zufällig kreuzen. Am Ende versuchen wir, den Menschen das Evangelium anfassbar zu vermitteln. Deshalb geben wir ihnen meist etwas zum Anfassen, zum Begreifen mit, das sie an den Gottesdienst erinnert.

So ein Gottesdienst ist keine Lehrveranstaltung. Ich teile lediglich mit anderen Menschen meine Sorgen und meine Freuden, bringe sie vor Gott und erzähle, wo ich selbst den Glauben an Jesus als guten Impuls für mein Leben erlebt habe. Ich baue dazu immer wieder Elemente zum Mitwirken ein, ohne die Besucher zwangszuverpflichten.

Und ich fasse mich kurz in allem, was ich tue und sage. Alles, was ich tue, muss für jeden und jede nachvollziehbar sein. Was nicht verstehbar ist, wird erklärt. Was nicht erklärt werden kann, wird weggelassen.

Peter Dietrich

(Theologe, Pädagoge, Kommunikationswirt) ist „Spargelstecher“ der Evangelischen Kirche von Kurhessen-Waldeck. Saisonarbeiter und Animateur im Tourismus in Sachen Glaube. Straßenarbeiter einer Kirche am Weg an Edersee, Diemelsee und Bärensee.

Modell 11

„5000 Brote – Konfis backen Brot für die Welt“

Gottesdienst zur gleichnamigen Aktion

Kennen Sie die Aktion „5000 Brote – Konfis backen Brot für die Welt“? Seit 2014 gibt es sie bundesweit, mittlerweile jährlich, und ihr Erfolg liegt unter anderem auch darin, dass sie so schnell erklärt werden kann: Konfirmanden backen zusammen Brote mit dem örtlichen Bäcker und geben sie gegen eine Spende zugunsten von ausgewählten Ausbildungsprojekten von „Brot für die Welt“ ab.

Die Aktion verfolgt dabei mehrere Ziele: Junge Menschen lernen in ihrem Umfeld ein Handwerk kennen (es ergaben sich sogar schon einige Ausbildungsverträge durch die Aktion) und lernen viel über den Wert von Lebensmitteln. Sie entdecken im Konfi-Unterricht aber auch Themen wie globale Ungleichheit, Hunger und Armut, erkennen die Lebenssituationen von Jugendlichen in anderen Teilen der Welt und die Relevanz von Bildung. Im Mittelpunkt der Aktion stehen das Teilen und die Selbstwirksamkeit der Jugendlichen, Gutes damit zu bewirken.

Kein Wunder also, dass sich bereits über 60.000 Konfis an der Aktion beteiligt haben und die jeweiligen Ratsvorsitzenden der

EKD sowie die jeweiligen Präsidenten des Zentralverbandes des Deutschen Bäckerhandwerks die Schirmherrschaft immer gemeinsam übernehmen. Alle Infos rund um die Aktion finden Sie unter www.5000-Brote.de.

Wir haben als koordinierender Player der Aktion festgestellt, dass die teilnehmenden Gemeinden die Abgabe der Brote inklusive Spendengenerierung meist in Form eines Gottesdienstes bevorzugen. Und dieses aus gutem Grund: Die Konfirmanden und Konfirmandinnen „lernen" einmal mehr in ihrer Konfizeit das Format Gottesdienst kennen und übernehmen zusammen mit den beteiligten Bäckern Teile der Gestaltung und Funktionen darin. An manchen Stellen wird die Aktion entweder zum Anfang oder zum Ende des vorgeschlagenen Aktionszeitraumes (Erntedank bis zum 1. Advent) in den Erntedank-Gottesdienst oder zum Gottesdienst des Spendenauftakts für „Brot für die Welt" am 1. Advent aufgenommen. Unter dem oben genannten Internetauftritt der Aktion finden Sie nicht nur Unterrichtsmaterialien für den Konfi-Unterricht, sondern auch Liturgievorschläge und die Noten für den Song der Aktion zum Download.

Natürlich ist es am besten, wenn der Gottesdienst in Verbindung mit einer vorherigen Teilnahme an der Aktion steht. Das ist aber nicht zwingend. Auch in Familiengottesdiensten kann die Geschichte der Speisung der 5000 zusammen mit den Themen der Aktion relevant und gut eingebaut sein. Und vielleicht spendet der örtliche Innungsbäcker auch so Brote, die eingangs oder zum Schluss des Gottesdienstes als Happen oder danach auf einer Standfläche als Mitgabe gegen Spende verteilt werden können.

Eine Teilnahme hat allerdings die Vorteile, dass die Aktion gut von landeskirchlichen Unterstützern begleitet wird und umfangreiches Material zum Konfi-Unterricht sowie zur Backaktion selbst (sowie zur Bewerbung aller daraus resultierenden Aktivitäten) kostenfrei bestellt werden kann und auch für die Gestaltung des Gottesdienstes zur Verfügung steht. Sicher finden Interessierte auf der Homepage auch etwas, was sie gut einsetzen können.

Unterschiedliche Mitwirkungsmöglichkeiten aller Beteiligten sind im Gottesdienst denkbar: Die Fürbitten werden auf alle aufgeteilt. Ein Lehrling berichtet über seine Erfahrungen im Bäckerhandwerk. Der Bäckermeister erzählt über den Weg vom Korn zum Brot. Die Geschichte der 5000 Brote wird mit Bäckern vor Ort in einer Dialogpredigt ausgelegt. Manche Bäckerinnungen haben eine Innungsfahne, diese kann im Gottesdienst gezeigt und erklärt werden. Konfirmandinnen und Konfirmanden erzählen von ihren Erfahrungen in der Backstube.

Dabei gilt: Holen Sie vor den Gottesdiensten unbedingt die Einwilligung der Eltern der Konfirmanden und Konfirmandinnen ein, die Fotos, die während der Backaktion und des Gottesdienstes entstehen mögen, veröffentlichen zu dürfen. Sicherlich werden Ihr Kirchenkreis und auch die örtliche Presse gerne über den Gottesdienst berichten. Auch auf Social Media gibt es mittlerweile viele Beiträge über die Aktion. Insofern ist es wichtig, hier ganz sicher zu sein, was verbreitet werden darf und welche Bilder der Kinder nicht erscheinen dürfen.

Laden Sie auf jeden Fall genug Konfirmandinnen und Konfirmanden zum Gottesdienst ein und besetzen Sie die vergebenen Rollen doppelt. Erfahrungsgemäß kommt es immer anders als man denkt und Erkältungszeit ist auch bei 12-14jährigen immer. Das Schöne für uns ist: Viele Gemeinden nehmen seit mehreren Jahren an der Aktion teil und haben sie fest in die Konfizeit integriert. Manche Landeskirchen starten den Aktionszeitraum sogar mit einem zentralen Eröffnungsgottesdienst und haben der Landesbischöfin, dem Landesbischof eine regionale Schirmherrschaft übertragen. Wir sind dankbar dafür, die Aktion auch dadurch durch die Coronazeit getragen zu haben, indem wir mit Backvideos und Backaktionen zuhause experimentiert haben.

Und wir haben gelernt: Die digitale Karte lässt sich ausbauen. Jugendliche als digital Natives können mit der Aktion und ihren eigenen Digitalformaten dazu leicht in einen digitalen Gottesdienst integriert werden. Dazu braucht es nur eine robuste eigene Infrastruktur und Spaß an digitaler Kirche.[2]

Unsere wichtigsten Erfahrungen

1. Nutzen Sie die runde Geschichte der Aktion, um Ihre Konfis mit dem örtlichen Handwerk nicht nur im Gottesdienst, sondern auch für den Sozialraum miteinander zu verbinden. Die Themen, die die Aktion 5000 Brote beinhaltet, lassen dabei genug Spielraum für eigene Schwerpunktsetzungen.
2. Sehen Sie den Gottesdienst als Baustein Ihrer Kontaktpflege zum örtlichen Handwerk. Sollten Sie keinen Bäcker mehr vor Ort haben, könnten Sie alternativ eine vergleichbare Kooperation mit einem anderen (Lebensmittel-)Handwerk aufbauen und dazu einen Gottesdienst feiern.
3. Nutzen Sie das breit gefächerte Aktionsmaterial, um Farbe in den Gottesdienst zu bringen. Die (kirchliche) Öffentlichkeitsarbeit wird es Ihnen danken.

Annelies Bruhne

ist Geschäftsführerin des Evangelischen Verbands Kirche-Wirtschaft-Arbeitswelt (KWA). Bei ihrer Arbeit reizt sie insbesondere die Gelegenheit, christliche Botschaften flexibel in kirchenferne Räume zu übersetzen.

---

2 Mehr zu digitaler Kirche finden Sie unter Hanno Terbuyken, Philipp Greifenstein, Vernetzt und zugewandt. Digitale Gemeinde gestalten, Neukirchen-Vluyn 2024.

Modell 12

Tauf-frisch. Vielfältig Taufe feiern

Zur Taufinitiative der Evangelischen Kirche #deinetaufe

Im Sommer 2021 begannen die Überlegungen zu einer EKD-weiten Initiative für die Taufe, zu denen besonders die Veränderungen in der Taufpraxis von Gemeinden Anstoß gaben. Die Corona-Pandemie wirkte auch hierbei wie ein Katalysator: Manche Taufe wurde verschoben, neue Orte zur Feier wurden neben dem Kirchenraum entdeckt. Auch die Individualisierung und Pluralisierung der Stile, wie eine Taufe gefeiert werden kann, erwiesen sich als Megatrends.

Viele Gründe, ein Segen. Deine Taufe

An der Taufe entzünden sich allerdings neben gottesdienstlich-agendarischen auch kirchenjuristische Fragen: Taufe und Kirchenmitgliedschaft sind zwar verknüpft, aber längst nicht mehr unhinterfragt, ebenso die Frage nach Zugehörigkeit zu einer Parochialgemeinde oder der Bürokratie. Das Thema Patenschaft und Taufzeug:innen gehört ebenfalls dazu.

Es gibt heute viele verschiedene Weg zur Taufe und längst nicht nur die familiale Sozialisation. Das meint nicht nur das Erproben neuer Formen wie die der Drop-in-Taufe, sondern im Grunde eine

Umdrehung der klassischen Reihenfolge: Heute gibt es meist erst die Taufe, dann den Weg mit der Taufe, z. B. in einem sog. Glaubenskurs.

Die Taufe ist dabei ein Herzstück des christlichen Glaubens: „Jesus Christus hat dich erlöst, befreit. Du gehörst zu ihm, nichts kann dich von seiner Liebe trennen." Dies sollte in Vielfalt ins Gespräch gebracht werden. Die Taufe ist so zentral, dass wir von ihr erzählen, sie zeigen und feiern wollen – und das einladend, zugewandt und in vielfältiger Form.

Dies bedeutete von Anfang an: Taufe – das ist Glaubenskommunikation. Kommunikation über den christlichen Glauben und *im* christlichen Glauben. Wir gemeinsam feiern Taufe – im Norden, im Osten, im Süden, im Westen. Denn die Taufe verbindet zur christlichen Gemeinschaft. Das will gefeiert sein, erlebbar und erfahrbar und damit sichtbar.

Die Taufinitiative war deshalb von Beginn an ein *Gemeinschaftsprojekt*. Darin lag ihre Stärke. Sie setzte auf Sichtbarkeit und Einladung – und nicht auf eine Zulassungslogik oder Erlaubniserteilung.

Weil du mich trägst

Kasualien liegen den Menschen am Herzen. Die aktuellen Ergebnisse der 6. Kirchenmitgliedschaftsuntersuchung der EKD zeigen, dass sich die Taufbereitschaft auf hohem Niveau bewegt. Als Gründe für die Taufe werden am häufigsten die Familienfeier, die Aufnahme in die Gemeinschaft der Gläubigen und die christliche Erziehung genannt. Darüber hinaus geht es bei der Taufe in besonderer Weise um die eigene Lebensgeschichte.

„Viele Gründe, ein Segen. Deine Taufe" – das wurde der Claim. Denn es gibt verschiedene Lebens- und Glaubenswege, die Menschen gehen, um sich oder ihr Kind taufen zu lassen. Der Segen Gottes ist bedingungslos. Hinzu kommt, dass es wertvoll ist, sich an die eigene Taufe zu erinnern: „Ich bin getauft." „Ich gehöre dazu." Oder anderes gesagt, wir müssen schon selbst davon überzeugt sein, dass Taufe Lebensgewinn und darum einen Benefit für das Leben bedeutet.

Konkret bedeutete es, dass #deinetaufe auf den Zeitraum rund um den Johannistag 2023 fokussiert wurde. Grundhaltung war: vernetzt, gemeinsam, service-orientiert, kommunikativ und von anderen lernen. Die Website www.deinetaufe.de bündelte Ideen und kostenlos bestellbare Materialien. Eine Übersichtskarte zeigte die Tauf-Orte. Die social media wall erzählte zudem Stories der Beteiligten. Die Social Media Kampagne fokussierte sich auf Instagram mit der Zielgruppe junge Eltern m/w/d 20–35 Jahre. Und digitale Stammtische wurden Lernorte zum Austausch über die Taufe, praktisch und konkret, kollegial und kreativ.

Rund 1000 Gemeinden haben sich in dem Zeitraum an der Taufinitiative beteiligt. In überwiegender Zahl sind Tauffeste gefeiert worden, fast die Hälfte der Gemeinden hat dies zum ersten Mal getan.

Weil ohne dich was fehlt

#deinetaufe setzte auf Einladung und Sichtbarkeit (eine Gestaltungslinie und wiedererkennbares Design). Angesprochen wurden besonders die, die nicht zum Kern der Kirchengemeinde gehören (Zielgruppenorientierung). Theologisch standen im Vordergrund „Gottes Zuspruch, Liebe, Vergebung, Segen und Beistand“ und die „Aufnahme in die Gemeinschaft der Gläubigen“.

Besonders waren dabei in der Regel die Orte: Die Tauffeste lockten überwiegend nach draußen, vor allem fanden sie am Wasser statt. Insgesamt haben 73% der Gemeinden, Einrichtungen und Initiativen außerhalb des Kirchenraums gefeiert. Dass mehrheitlich Taufen am Wasser im Freien gefeiert wurden, unterstreicht, wie ernsthaft die Gemeinden bemüht waren, dem dinglichen Zeichen des Taufsakraments, dem Wasser, liturgisch einen bedeutsamen Raum zu geben. Frei nach der Devise Martin Luthers, wonach die Taufe „nicht allein Wasser ist, so ist sie doch ohne Wasser schlicht nichts“.

Unsere wichtigsten Erfahrungen

1. Es lohnt sich, gemeinsam als Evangelische Kirche die Taufe als Herzstück christlichen Glaubens zu kommunizieren und zu fei-

ern und dabei auf Einladung zu setzen. Dabei kommt es wesentlich darauf an, die Taufe selbst bedeutsam zu finden, und bereit zu sein, von anderen zu lernen.

2. Kirche ist nicht Geschmackspolizei.
3. Eine elementare Tauf-Theologie überzeugt und lädt ein.
4. Die Logik der Gnade macht es für Gemeinden bei knapper werdenden Ressourcen herausfordernd. Tauffeste können darum nicht einfach noch dazu gefeiert werden. Es braucht die klare Entscheidung, was weggelassen werden kann.
5. Bevor Tauffeste gefeiert werden, braucht es verlässliche Kommunikation.
6. Im Sinne einer „gestreckten Kasualie" gehört das Nachgehen dazu, um miteinander in Kontakt zu bleiben. Auch dies braucht Ressourcen.
7. Taufe ist kein einmaliges Projekt. Darum muss sie immer wieder neu gefeiert werden. Nachfragen zu einer Neuauflage der Initiative gibt es.

Verschiedene Aspekte gehören zur Weiterarbeit, ohne Anspruch auf Vollständigkeit zu erheben: Wie kann Taufe heute gefeiert werden? Wie verhalten sich Taufe und Kirchenmitgliedschaft in Zukunft zueinander? Nicht nur angesichts der vielen, die aus der Kirche ausgetreten sind, jedoch getauft bleiben? Wie ist zukünftig die Verwaltung zu organisieren (Dimissoriale, Parochialprinzip)? Was bedeutet eigentlich das Patenamt? Wie ist der Umgang mit Taufzeuginnen?

Alles nur Segen – wo bleibt dann das Sakrament? Nur noch Taufe to go? Woran ist erkennbar, dass zur Taufe die kirchliche Gemeinschaft gehört? Wie bringen wir die Taufe selbst ins Gespräch angesichts dessen, dass heute die religiöse Sozialisation immer weniger in Familien, sondern in der Kirche selbst stattfindet? Was bedeutet denn „Kirche als Gemeinschaft der Getauften"?

Wie schaffen wir Taufe in Vielfalt – bei weniger Ressourcen? Soll es eine Neuauflage der Initiative geben? Wie machen wir als Evangelische Kirche überzeugende Glaubenskommunikation?

Weil du ein Segen bist

Tauffeste feiern sich am besten gemeinsam: in der Region, im Kirchenkreis, in der Landeskirche, in der Evangelischen Kirche. Übernahme guter Ideen und Praxis ist erwünscht. Sichtbarkeit und Einladung verleihen Rückenwind. Tauffeste sind kein „das machen wir auch noch“, sondern brauchen Entscheidungen über Einsatz von Zeit, Ressourcen, Fokussierung auf eine Zielgruppe. Sie sind eine gute Möglichkeit, Taufe in Vielfalt zu feiern.

Claudia Kusch

ist evangelische Pfarrerin (EKBO). Bei der Evangelischen Kirche in Deutschland (EKD) ist sie als Oberkirchenrätin zuständig für missionales Handeln und Themenkommunikation. Sie war mitverantwortlich für die Taufinitiative #deinetaufe. Außerdem ist sie gern am Wasser und liebt es, wenn die Dinge im Fluss sind.

- Emilia Handke, Meike Barnahl: Dein Leben, dein Moment. Rituale neu entdecken und individuell gestalten, München 2023
- Lars Hillebold/Claudia Kusch (Hg.): Taufe ist im Fluss. Neue Ideen und Entwürfe für die Praxis, Neukirchen-Vluyn 2023
- Broschuere-Taufkampagne.pdf (deinetaufe.de)
- Kirchenmitgliedschaftsuntersuchung 2023 - KMU 6 (ekd.de)

Modell 13

„Manege frei"

Gottesdienste in der Schaustellerseelsorge

Ich denke ja, sooo viele wissen es gar nicht oder sind mindestens ein klein wenig überrascht: Zur DNA der in Deutschland reisenden Schausteller- und Circusfamilien, der Puppenspieler und „fliegenden Händler" gehört eine kräftige Portion Gottvertrauen, eine sehr eigene Frömmigkeit, und die Zugehörigkeit zu einer der christlichen Kirchen ist weitestgehend noch immer selbstverständlich. Darum feiern wir als „Gemeinde auf der Reise" eine Vielzahl von Gottesdiensten.

Die Orte, an denen wir Gottesdienste feiern, sind für viele, die als Gäste dazukommen, oft schon selbst ein Highlight: das Zirkuszelt, der Autoskooter, das große Festzelt, der kleine Biergarten, der Pavillon im Grünen oder die angemietete Event-Location. Alles ist bunt, ist wunderschön geschmückt, gut ausgeleuchtet und beschallt – ja, sehr lebendig!

Dass die „Rahmenbedingungen" so sind, verdanken wir natürlich den Familien, deren Leben sich genau da und genau so abspielen, den Familien der Schaustellerinnen und Artisten. Sie bereiten das alles vor, „das Äußere". Meine Kolleginnen und Kollegen in der Circus- und

Schaustellerseelsorge stellen „nur noch“ die Mitte: einen möglichst ebenso liebevoll gestalteten Altar. Und dann heißt es aus dem Blickwinkel der „Reisenden“: Die Kirche kommt zu uns. Auf den Platz, ins Chapiteau.

Dass wir unsere Gottesdienste dort feiern, wo die Schausteller und Artistinnen mit ihren Familien zuhause sind, macht vieles besonders, wird wertgeschätzt und bewahrt davor, irgendetwas zu zelebrieren, was lebensfremd ist, nichts mit denen zu tun hätte, die sonst den Autoskooter oder die Zirkuskuppel „bespielen“.

- Unter den Reisenden und ihren Pfarrerinnen und Pfarrern ist übrigens das „Du“ normal. Dafür, dass es angemessen ist, dafür, dass es mit Vertrauen gefüllt ist, reisen wir an vielen Tagen sozusagen „anlasslos“ und besuchen „unsere Gemeinde“ (übrigens ungefähr 20.000 Evangelische, deren Leben sich „auf der Reise“ abspielt). Unser Vorteil ist dabei: Sie stehen ja alle auf einem Platz, oder sie arbeiten alle unter einem Zelt. So hat man mit nur einer Reise meist doch gleich sehr viele wieder getroffen, wieder gesprochen und mitbekommen, wie das Leben – auch backstage – gerade spielt.
- Dass wir voneinander wissen, wenn wir dann Gottesdienst feiern, dass Verlass darauf ist, dass nichts von dem ausgeplaudert wird, von dem wir reden, aber dass auch nichts davon außer Acht gelassen wird – das macht den Gottesdienst zu einem Moment sehr persönlicher Begegnung mit Gott. Agendarisch ausgefeilte Abläufe sind uns dabei fremd. „Kirchliches Liedgut“ ebenso. Das Essenzielle trägt den Gottesdienst: Gemeinsam beten, eine Predigt, Gemeinschaft und dann gibt’s ja auch noch ein paar bekannte kirchliche Gassenhauer oder Gospel, für die schon ein guter Pianist oder sogar die Gitarre reichen, um sie ordentlich anzustimmen!

Die Hauptzutaten, die viele unserer Gottesdienste aus- und schön machen, sind: die Lebendigkeit und relativ große Nähe bei den meisten unserer Gottesdienste, das Schnörkel- aber nicht Anspruchslose, die Reduktion darauf, was (fast) ohne Vorwissen sofort mitvollzogen werden kann – ein Mitbeten, ein Zuhören bei einer möglichst anschaulichen, oft narrativen, nie dogmatischen Predigt, das Mitsingen eines bekannten Liedes. Und dabei denke ich auch an die vielen Kasualgottesdienste, die wir feiern, und an jene Gottesdienste – meist auf den Kirmesplätzen –, bei denen der Charakter des Gottesdienstes nicht allzu sehr vom „öffentlichen Event" überlagert wird.

Natürlich gibt es auch diese, die ganz großen Gottesdienste – wie bei der Cranger Kirmes oder dem noch bekannteren Münchner Oktoberfest. Dann sind ganze Festzelte gefüllt, dann ist die Presse dabei, dann muss es auch den Ansprüchen dieser Feste entsprechen, was an Musik und Prominenz dabei ist. Aber diese Gottesdienste bilden ja nicht das Gros in unserem „Gemeindeleben auf der Reise".

Unsere wichtigsten Erfahrungen

1. Zu merken, wie tragend es für den Gottesdienst ist, dass zu den vielen und besonderen Traditionen, in denen die reisenden Familien leben, gehört, einen Glauben im Herzen zu tragen von einem Gott, der „mit ihnen auf der Reise ist" – nicht ganz unbiblisch, nicht wahr?!
2. Das natürlich gewachsene Vertrauen ist (uns) wichtig. Wir beobachten, dass die gute Kenntnis der Lebensumstände wesentlich dafür ist, dass ein „Event-Gottesdienst" gelingt - und nicht zum bloßen Event verkommt.
3. Dass der Wert dieser Arbeit für die beruflich Reisenden gar nicht hoch genug eingeschätzt werden kann. Umso trauriger ist es, dass es unserer evangelischen Kirche nach Auslaufen der einen, aktuell noch besetzten Pfarrstelle nicht gelingen will, diese Arbeit fortzuführen und ihr baldiges Aus beschlossen wurde..

Torsten Heinrich

ist nicht gerade zum Pfarrer geboren, es aber in den 80ern durch die Jugendarbeit der Evangelischen Kirche in Borna bei Leipzig dann doch geworden.

Kreativität in allem, was „verkündigt", ist ihm schon immer wichtig gewesen – in den 90er Jahren als Dorfpfarrer bei Oschatz, später als Stadtgemeinde- und Jugendpfarrer in Leipzig oder eben jetzt als bundesweit reisender Pfarrer für Schausteller- und Circusfamilien, Puppenspieler und Markthändlerinnen.

Modell 14

1:0 für Vielfalt

Open-Air-Gottesdienst vieler Religionen zur Euro 2024

Das Frankfurter Waldstadion ist einer von 10 Spielorten zur Fußballeuropameisterschaft 2024. Am 23.6. spielt die deutsche Mannschaft dort gegen die Auswahl der Schweiz. Weil das Stadion aber durch Auflagen der UEFA nicht zur Verfügung steht, laden wir an diesem Tag in der Fan-Meile am Mainufer um 15 Uhr zu einem ökumenischen Open-Air-Gottesdienst ein. Er steht in der Tradition von Gottesdiensten zu großen Sportereignissen, die ich als Stadionpfarrer mit Vorbereitungsgruppen entwickelt habe.

Federführend für den Gottesdienst sind, auch in Absprache mit dem DFB-Präsidium, die christlichen Kirchen. Insofern gehören zur aktuellen Vorbereitungsgruppe evangelische und katholische Geistliche. Eingeladen zum Mitwirken wurden daneben jüdische und muslimische Vertreter sowie Entscheidungsträger aus unserem Stadion und von der Sozialstiftung des Hessischen Fußballverbandes und Mitwirkende aus der Schweiz. Um die entstehenden Kosten für die Vorbereitungsarbeit, die Werbematerialien, die Musiker und einige weitere Akteure erstatten zu können, haben die beiden Großkirchen jeweils 3.500 Euro bereitgestellt.

Die Fanmeile in Frankfurt wird durch die Tourismus & Congress GmbH organisiert. Durch sie wird die Bühne am Mainufer einschließlich der Technik für Sprache und Musik ohne Berechnung von Kosten zur Verfügung gestellt. Mit dem Gottesdienst stehen wir um 15 Uhr am Anfang des Gesamtprogramms an diesem Tag. Darum wurde uns auch angeboten, bereits ab 13.30 Uhr ein warm-up aus Musik, Talk und kommunikativem Spiel (Torwandschießen etc.) zu gestalten. Dazu haben wir besonders Jugendliche aus Frankfurter Vereinen eingeladen.

Ziel des Gottesdienstes ist es, einer bedrückenden Zeit voller Kriege, Flucht und Armut Visionen eines friedlichen Miteinanders, gastfreundlicher Begegnung und wechselseitiger Bereicherung entgegenzusetzen. Die Vorbereitungsgruppe sieht in der Europameisterschaft eine Chance, zwischenmenschliche und europäische Brücken zu bauen oder zu stärken.

Zur Zielgruppe gehören dabei alle Menschen, die sich in der Fan-Meile durch die Faszination um den Fußball anziehen lassen. Gezielt werden durch Beilagen für Gemeindebriefe, Flyer und Plakate die Kirchengemeinden in der Stadt und im Umland eingeladen, aber auch Sportvereine genauso wie zum Beispiel der Fanclub der Deutschen Nationalmannschaft. Die Flyer erscheinen auch in Formaten, die kompatibel für die Verwendung in den sozialen Medien sind.

Zum Ablauf des Gottesdienstes: In der Begrüßung kommen die Vertreterinnen und Vertreter verschiedener Religionen zu Wort, um die Ermutigung und die Farbigkeit eines Miteinanders in Vielfalt benennen zu können. Im Klageteil werden bedrückende Momente vor Gott gebracht, in einem Dankgebet kommt die Freude über FairPlay, Inklusion und Integration zur Sprache. Die Lesung besteht aus einer Paraphrase zu den Seligpreisungen mit dem Wunsch, im Gegenüber immer zuerst den Menschen zu sehen und nicht nur den Gegner.

In ihrer Ansprache werden sich Kirchenpräsident Dr. Volker Jung, Evangelische Kirche in Hessen und Nassau, und Generalvikar Dr. Wolfgang Pax, Bistum Limburg, Bälle im Blick auf Spielfreude und

Teamgeist zuspielen. Das ökumenische Friedensgebet im Anschluss wird verbunden mit dem Knüpfen eines Friedensnetzes durch alle Teilnehmerinnen und Teilnehmer am Gottesdienst. Und zum Segen stellen sich die Vertreter der Religionsgemeinschaften wechselseitig vor, wie sie Menschen segnen.

Die Gesamtlänge des Gottesdienstes soll 60 Minuten nicht überschreiten. Die Wortbeiträge müssen deshalb präzise und kurzgehalten werden. Das verlangen die open-air-Situation und eine Gemeinde ohne Sitzmöglichkeiten. Auch im Blick auf das zu erwartende Laufpublikum wird der Gottesdienst durch eine Moderation begleitet, die an einigen Abschnitten neu Dazukommende jeweils abholt und verortet.

Zu den weiteren Gestaltungselementen gehört zum einen die Musik der Frankfurter Band HABAKUK. Die achtköpfige Formation, die sich überwiegend aus Profimusikern zusammensetzt, ist stilistisch in der Pop- und Rockmusik angesiedelt, kann aber auch eine Gemeinde beim gemeinsamen Singen begleiten. Zum anderen werden die Inhalte der liturgischen Stationen (Klage, Dank, Fürbitten) durch Ballkünstlerinnen mit ihren Jonglagen visualisiert.

Auf diese bewährten Gestaltungselemente haben wir bereits in zurückliegenden Sportgottesdiensten im Open-Air-Format zurückgegriffen. Pop- und Rockmusik mit geistlichen Texten und sportliche Elemente (z. B. Die Trampolinformation „Flying Bananas" oder die Cheerleader-Formation Galactic Dancers) haben wesentlich zum guten Gelingen beigetragen.

Eine Herausforderung ist die Gestaltung solcher Open-Air-Gottesdienste allemal. Das fängt mit der Hoffnung auf gutes Wetter an, schließt Security-Fragen mit ein (Technik, Schutz von Prominenten) und auch das Nachdenken darüber, wie etwa auf störende Zwischenrufe reagiert werden kann.

Ich selbst sehe in solchen Formaten vor allem eine missionarische Chance. Als Frankfurter Stadionpfarrer begegne ich seit zwei Jahrzehnten in der Kapelle in der Haupttribüne des Stadions bei Taufen, Hochzeiten, Trauerfeiern, aber auch beim Besuch von zahlreichen Gruppen einer Fülle von Menschen, die in keiner Kirchengemeinde beheimatet sind. Dass Kirche einen Ort im Stadion hat, verblüfft viele. Und es reizt, Fragen zu stellen, die man schon immer mal stellen wollte. Und es gelingt ständig, gemeinsam neue Horizonte sehen zu können.

Die Gottesdienste zu den großen Sportereignissen sind hochkarätige Ausnahmen. Die Veranstaltungen in der Stadionkapelle mit ihren vielen Facetten sind die Regel, die zugleich aber das Gelingen des großen Formats ermöglichen. Durch all die Jahre und auch gegenwärtig staune ich und bin dankbar für offene Türen bei der Eintracht Frankfurt Fußball-AG, in den Sportverbänden und bei der Stadt Frankfurt. Meine Erfahrung ist, dass sich viele Menschen für frühzeitig geplante, überzeugende Ideen gewinnen lassen und ihre Beiträge dazu leisten. Ich bin sehr froh darüber, diese Sinfonie des Miteinanders schon mehrfach erlebt zu haben. Sie lebt von sehr viel Kommunikation. Die Zeit dafür aufzubringen, ist eine Voraussetzung für das Gelingen am Ende.

Eugen Eckert

© Michael Meyer

ist für die Evangelische Kirche in Hessen und Nassau 2007 mit halber Stelle zum Stadionpfarrer im Frankfurter WM-Stadion berufen. Er war Gemeinde- und Studentenpfarrer in seiner Heimatstadt Frankfurt/M. Bereits 1975 gründete er die Frankfurter Band HABAKUK, in der er sich bis heute als Texter und Musiker engagiert.

Materialhinweis

Zur Fußball-Weltmeisterschaft in Katar 2022 hat eine Autorengruppe unter dem Titel „Macht hoch die Tür, die Toooor macht weit" eine Arbeitshilfe für Kirchengemeinden und Gruppen herausgegeben. Die Broschüre mit vielen Ideen zu Veranstaltungen im Rahmen von Fußball-Events kann digital über die Öffentlichkeitsarbeit der Evangelischen Kirche in Hessen und Nassau bezogen werden.

Modell 15

„Gott segne dieses Klärwerk“

Kirchliche Segnungen öffentlicher Einrichtungen

In 1. Könige 8 wird beschrieben, wie König Salomo den Tempel Gottes einweiht. Dass ich mich dann vor knapp zwei Jahren zur ökumenischen kirchlichen Segnung an einem Klärwerk wiederfand, hatte seinen ganz eigenen Charme. In diesem Beitrag geht es um profane Orte, die mit kirchlicher Begleitung in Dienst genommen werden. Der profanste Ort, den ich mir denken kann, ist eben das Klärwerk, dessen Einweihung hier beispielhaft dargestellt werden soll. Daneben werde ich einige Predigtideen zu anderen Anlässen einfließen lassen.

Für mich als Pfarrer und Theologen war es ein weiter Weg, bis mir die kirchliche Segnung eines Klärwerkes zur Selbstverständlichkeit werden konnte. Bis zur Übernahme einer Flächengemeinde mit 25 Dörfern in der Diaspora des Fuldaer Landes hatte ich nur in urevangelischen Gebieten gelebt und Dienst getan. Es war mir entsprechend fremd, dass irgendetwas im öffentlichen Raum mit kirchlicher Begleitung eingeweiht werden sollte. Dann fand ich mich in meiner zweiten Arbeitswoche (14 Jahre vor dem Klärwerk) in der örtlichen Bankfiliale zur Einweihung und kirchlichen Segnung der neuen Schalterhalle wieder.

Seit meinem Dienstantritt in der Diaspora des Fuldaer Landes gehören Einweihungen zum Berufsalltag. Bis auf wenige Ausnahmen geschieht das in ökumenischer Zusammenarbeit. Die katholische Kirche pflegt diese Tradition schon seit Jahrhunderten; immerhin besaß ich das 2020 erschienene Büchlein „Kleine Rituale. Gottesdienste und Feiern im öffentlichen Raum", u. a. mit Modellen für verschiedene Einweihungen: ein kirchliches Rechenzentrum, ein Rathaus, ein Pflegeheim, ein Tierheim, eine Physiotherapiepraxis und ein Wellness-Hotel.

Bei all diesen Einweihungen handelt es sich nicht um Anlässe, die die Kirche selbst initiiert hätte. Tatsächlich ist die Segensliturgie nur ein Beitrag in einem übergeordneten Ablauf mit Grußworten von Bürgermeister, Ortsvorsteher, Vertretern des Landkreises und ggf. aus Landes- und Bundespolitik, Betrachtungen von Architekten und zuständigen Verbänden. Je nach Größe des Anlasses wirken Musikgruppen mit, und in der Regel folgt nach den offiziellen Beiträgen ein Beisammensein bei Bier und Bratwurst. Der Vorteil bei diesem Setting: Den Aufwand der Organisation haben andere. Sitzgelegenheiten, Beschallung, Verpflegung: Um all das muss sich Kirche nicht kümmern – anders als bei selbstorganisierten Events. Auch um Werbung braucht sich die Kirche nicht zu kümmern und dennoch ist manchmal mit mehreren Hundert Gästen zu rechnen.

Auch wenn es Objekte gibt, bei denen die Kirchen gut überlegen sollten, ob sie einen Segen aussprechen (Rüstungsfabriken und Ähnliches), sollte man bei einem Klärwerk meines Erachtens nicht die Nase rümpfen. Immerhin ist die Einrichtung ein technischer Beitrag zum Umweltschutz. Tatsächlich war das Setting wie gewohnt: Eine örtliche Blaskapelle war da, Biertischgarnituren für ca. 100 Personen, Sonnenschirme, Getränke und Bratwurststand; diesmal halt auf dem weitläufigen Gelände zwischen Klärbecken und Betriebsgebäude. Bratwurstduft und der betriebseigene Geruch schienen sich einen Wettkampf zu liefern. Dass ökumenische Einweihungen in der Regel ohne Weihrauch stattfinden, bedauerte ich aus ganz pragmatischen Gründen. Der Einweihung schloss sich ein „Tag des offenen Klärwerks“ an.

Unsere ökumenische Segensfeier hatte den üblichen Ablauf: Begrüßung, Gesang (begleitet von der Blaskapelle), Eingangsgebet, Lesung (2. Könige 2, 19-22: „Elisa macht eine Quelle gesund“), Ansprache. Das katholische Benediktionale hat übrigens ein eigenes Formular für die „Segnung einer Wasserreinigungsanlage“ (S. 305). Nach der Ansprache folgten Lobpreis, Segensbitte, Zeichenhandlung und Fürbitte. Gerade bei der Zeichenhandlung, in der Regel dem Besprengen des Gegenstandes mit Weihwasser, steht der evangelische Part oft im Abseits – bedauerlich allein schon deshalb, weil oft dieser augenscheinlichste Moment in der Presse abgelichtet wird.

Nun ist es zudem so, dass evangelische Entwürfe Wert darauflegen, dass nach protestantischem Verständnis ohnehin keine Gegenstände gesegnet werden, sondern die Menschen, die mit den Gegenständen zu tun haben – eine theologische Unterscheidung, die freilich von den Zuhörern kaum wahrgenommen wird.

In der Ansprache bin ich dann folgendermaßen eingestiegen: „Acht Mio. Euro soll das alles hier gekostet haben. Eine ganze Menge Geld. Ich muss ehrlich sagen: Ich habe keinen Unterschied bemerkt. Ich habe den Tag nicht bemerkt, als dieses neue Klärwerk in Betrieb gegangen ist. Eigentlich war alles wie immer. Als ich den Wasserhahn aufgedreht habe, war alles wie immer. Und umgekehrt, als ich auf dem Klo saß, fühlte sich das genauso an wie vorher. Das schöne viele Geld, acht Mio., für nichts und wieder nichts ...

Das war allerdings die beschränkte Sicht meiner Gästetoilette auf die Welt. Sozusagen die Klosichtweise auf die Dinge. Der Blick vom Klo auf die Welt reicht halt nur bis zum Abfluss. Was dahinter steckt, sieht die Klosichtweise auf die Welt nicht. Sie ignoriert, dass die Welt komplizierter ist. Diese Sichtweise ignoriert die Folgen des eigenen Handelns. Wer so denkt, drückt auf die Spülung und die Sache scheint erledigt. Beispiele:

- Klimawandel gibt es nicht und ein paar Grad wärmer ist doch ganz schön.
- Es ist so schade, dass es kaum noch Bienen gibt, aber der eigene geschotterte Vorgarten ist doch so praktisch.
- Was kann ich für den Hunger in Afrika (das sind die, denen wir nächsten Herbst den Weizen auf dem Weltmarkt wegkaufen)?
- Klosichtweise heißt, schlicht zu ignorieren. Aus den Augen, aus dem Sinn ..."

Ich habe bewusst ein ernsthaftes gesellschaftspolitisches Thema angesprochen, denn nach meiner Erfahrung findet es durchaus Anerkennung, wenn Kirche auch bei solchen Anlässen wichtige Themen aufgreift und nicht nur banale Fröhlichkeiten anspricht.

Im weiteren Verlauf der Ansprache habe ich dann anhand von Mk 1,40-45 (Heilung eines Aussätzigen) aufgezeigt, wie Jesus auch auf die Aussätzigen zugegangen ist, die sonst ignoriert oder als eklig betrachtet wurden. Ich konnte enden mit: „Aber im Dreck, im Elend, im Dunkel einen neuen Anfang sehen – das geschieht doch auch hier im Klärwerk. Hier wird wieder sauberes Wasser, das biblisch wiederum ‚Quelle des Lebens' genannt wird."

Nach meiner Erfahrung sind bei solchen Segnungen viele aufmerksame Hörerinnen und Hörer dabei. Die Rückmeldungen sind oft auch vielfältiger als bei den Sonntagsgottesdiensten. Im Gegensatz zu den Beiträgen der kommunalen Honoratioren soll die Kirche dem Ort oder dem Geschehen eine tiefere Sinndeutung geben. Gerade private Gastgeber wie Handwerksbetriebe erleben es als Zeichen großer Wertschätzung, wenn ihr alltägliches Tun von einer abstrakteren Ebene aus betrachtet wird. Bei der Einweihung eines Gedenksteins zum Dorfjubiläum konnte ich so einladen, „steinmäßiger", d.h. in längeren Abschnitten zu denken und nicht gleich einem ersten zornigen Impuls zu folgen (bibl. Bezug ist Psalm 90, 4-6: „Denn tausend Jahre sind vor Dir wie ein Tag ...").

Die Nachfrage nach kirchlichen Einweihungen spiegelt auch das Bedürfnis nach Segen wider. Tatsächlich ist dies auch das Thema, das zuerst in den Presseberichten erwähnt wird: „Die Geistlichen baten Gott um Schutz für alle, die das Fahrzeug nutzen" – auch wenn wir das nur am Rande, vielleicht in einer Fürbitte, erwähnt hatten. Bei Gebäuden überreichen wir ein Kreuz, das für gewöhnlich auch in einem der Geschäftsräume angebracht wird. Wo das Kreuz im Klärwerk gelandet ist, weiß ich nicht, ich war seit der Segnung nicht mehr persönlich da.

Ich habe das Glück, dass ich hier auf geprägte Traditionen zurückgreifen kann, die nach wie vor angefragt werden. Es dürfte mühevoll sein, solche Gepflogenheiten wieder einzuführen, wenn sie erst einmal verkümmert sind. Allerdings habe ich auch nicht mitbekommen, dass jemand mal offensiv Werbung für solche kirchlichen Segnungen bei Vereinen oder Kommunen gemacht hätte. Vielleicht würde es ja fruchten. Dabei sollte man m. E. die beiden Aspekte Sinndeutung des eigenen Tuns im Lichte des Evangeliums sowie Segen für etwas, das einem wichtig ist, hervorheben.

Insgesamt halte ich kirchliche Segnungen für ein gewinnbringendes Arbeitsfeld, auch als Plädoyer gegen den immer heraufbeschworenen Bedeutungsverlust von Kirche. Von der Selbstverständlichkeit und Souveränität, mit der katholische Glaubensgeschwister ihren Glauben in der Öffentlichkeit leben (auch gestandene Wassermeister) können wir Protestanten nach wie vor lernen. Kirchliche Segnungen öffentlicher Orte sind dafür eine hervorragende Gelegenheit.

Holger Biehn

ist Pfarrer im schönen Rhön-Ort Flieden, liebt seinen Bass und genießt es, Segen zu erleben.

Modell 16

„Gott auf der Bühne"

Theatergottesdienst zum Dorf-Jubiläum

Das 675. Dorfjubiläum kam in Sicht, aber es herrschte Skepsis: Wer von den nur noch 134 Einwohnern sollte das stemmen? Einen Ortsbeirat gab es ja auch nicht mehr. Aber als Pfarrer gönnte ich unserem kleinen Dorf dieses Fest. Es müsste nur das passende Maß haben: mit 1,5 Tagen kleiner als vor 25 Jahren, aber mit Raum für Begegnungen und Feierlaune, mit Gottesdienst und Segen. „Suchet der Stadt Bestes!" (Jeremia 29,7 – Luther 2017.) Jeremia machte Mut dazu. Und so gründete ich mit anderen den Dorfverein fürs Jubiläum. Und als eine neue gedruckte Chronik zu aufwendig schien, integrierte ich die Chronik in den Theatergottesdienst mit einzelnen Szenen aus der Dorfgeschichte.

Der Gottesdienst eröffnete das Jubiläumsfest. Er sollte ein erster Höhe- und Sammelpunkt sein für Dorfbewohner und Gäste, ehemalige Bewohner und Menschen aus der Region. Durch die Mitwirkung von Vokalchor und Posaunenchor waren schon 20 Personen mit am Start. Hinzu kamen 10 Personen rund ums Theater (Autoren der Szenen, Theaterspielerinnen und -spieler), die die Dorfgeschichte in 4 Auftritten geschickt in Szene setzten. Durch reichlich Werbung entstand zudem eine schöne Vorerwartung nach dem Motto: Das kleine Dörfchen macht sich solche Mühe und bringt viel auf die Beine! Respekt. Da wollen wir dabei sein!

Angesichts der vielfältigen Festgemeinde mit aktuellen und ehemaligen Dorfbewohnern, Gästen, Alten, Jungen war klar, dass wir keine gemeinsame liturgische Grundkenntnis voraussetzen konnten. So brauchte es eine Gottesdienstform, die ohne Vorwissen mitgefeiert werden konnte: einladend, festlich und anschaulich im Blick auf die Dorfgeschichte und ihre geistlichen Aspekte, musikalisch klangvoll und frisch.

Dabei war uns wichtig, dass der Gottesdienst nicht nur die Verbundenheit mit dem Dorf ausdrücken sollte, sondern einladend wäre für die Menschen, die mit Gott, Glaube, Gemeinde sonst wenig Berührungspunkte haben. Auch sie sollten die geistlichen Dimensionen der Geschichte und des Jubiläums nachvollziehen können.

Als Auftaktveranstaltung sollte der Gottesdienst zudem einstimmen auf das Fest und dem so kleinen Dorf guttun und Mut machen für seinen weiteren Weg. Dazu galt es, in der Vorbereitung die wichtigsten Momente der Dorfgeschichte zu finden und in gut spielbare Szenen zu fassen. Als Quelle erwies sich die Dorf- und Kirchengeschichte Landefelds als durchaus brauchbar, weil dort neben großen Entwicklungen und Zahlen auch einzelne Begebenheiten des Alltags- und Gemeindelebens und sogar der Kirchenzucht aufgeführt sind.

Bei diesen Aspekten brauchte es natürlich viel Fingerspitzengefühl, um den richtigen Ton zu treffen und die angemessene Deutung des damaligen Geschehens aus heutiger und christlicher Sicht einzubringen. Das Eintauchen in die Geschichte sollte aber mit geistlichen Deutungen gern auch mit einer Prise Humor verbunden und unterhaltsam sein.

Hilfreich war für uns dabei die Erfahrung aus eigenen Gästegottesdiensten mit Moderation als verbindendem Element zwischen den einzelnen Gottesdienstelementen. Denn dies half auch hier, den roten Faden des Gottesdienstes aufzuzeigen und die Gottesdienst-

und Festgemeinde dabei in launiger und zugleich tiefsinniger Weise mitzunehmen. Dabei sollte auch die aktuelle Dorf- und Gemeindegeschichte im Grundton des Gottesdienstes anklingen, dass nämlich trotz anfänglicher Skepsis wegen der begrenzten Kräfte das Fest gefeiert wurde: mit Nachdenklichkeit und Dank, mit Gottvertrauen, Segen und Zuversicht für das Kommende.

Der Aufwand für das Fest und den Gottesdienst hat sich gelohnt, denn der Einsatz für das Beste des Dorfes hat auch die Skeptiker mitgenommen. In vielen Gesprächen konnten sie ihre Sorgen vor Enttäuschung und Überforderung deutlich machen, ließen sich dann aber mitnehmen und legten mit Hand an, so dass es auch ihr Fest wurde. Dabei war ein intensives Ringen wichtig im Blick auf die Dauer und Ausrichtung des Festes und folgend eine sehr gute Planung. So konnte alle Arbeit bewältigt werden und es blieb viel Raum, dass die Dorfbewohner selbst feiern konnten.

In diesem Sinne war es also ein wichtiges Stück Gemeinwesenarbeit, das gelebten Glauben in der Praxis erfahrbar machte und auch die Zuwendung Gottes in der Geschichte und im Fest zumindest ahnen ließ. Es erwies sich als gute Entscheidung, die Dorf- und Gemeindegeschichte in vier selbst geschriebenen Theaterszenen aufzugreifen und im Rahmen des Gottesdienstes den Mitfeiernden anschaulich zu machen und vorzuspielen. Eine Fortsetzung der Chronik zu schreiben, wäre für das kleine Dorf zu ambitioniert gewesen. Und wer von den Teilnehmenden hätte eine neue und auch die bisherige Chronik denn wirklich gelesen? So aber waren Teile der Geschichte auf unterhaltsame Weise im Blick und konnten in den Predigtteilen auf Gottes Wirken hin bedacht werden. Der Dank für den bisherigen Weg und das Jubiläum und auch Segen und Zuversicht für den weiteren Weg in Dorf und Gemeinde waren nachhaltiger gegründet und plausibel.

Der Rahmen eines solchen Jubiläumsfests begrenzt natürlich auch die zeitlichen und räumlichen Möglichkeiten, weil das Folgeprogramm an anderen Orten direkt anschloss. So war eine Handvoll Mitarbeiter schon mit dem nächsten Programmpunkt beschäftigt und konnte den Gottesdienst nicht mitfeiern. Als „Ersatz" haben wir die Theaterszenen samt Deutung am Dankesabend für die vielen Mitarbeitenden noch einmal gespielt. Zudem war der zeitlich Rahmen des Gottesdienstes auf 75 Minuten begrenzt. Das sorgte angesichts der inhaltlichen Fülle für eine hohe Dichte, die aber den Rückmeldungen folgend die Menschen sehr angesprochen hat.

Wegen des großen Aufwandes und des Jubiläumscharakters ist solch ein festlicher Theatergottesdienst nur selten möglich. Unsere Erfahrungen ermutigen aber sehr, an anderen Orten ähnlich vorzugehen. Denn Mitarbeitende (Chöre, Theater) sind im Zuge der Vorbereitungen sehr zusammengewachsen. Und das intensive Engagement für das Dorfjubiläum hat auch den Zusammenhalt von Kirchengemeinde und Dorfgemeinschaft beflügelt. Das wurde beim Jubiläum und dem späteren Dank und Mitarbeiterfest sehr deutlich. Die Kirchengemeinde wurde nicht als zusätzlicher „Verein" wahrgenommen, sondern als praktisch orientierter Teil der Dorfgemeinschaft und Dorfgestalter mit einer guten Vision fürs Fest und Tatkraft.

Unsere wichtigsten Erfahrungen

1. Der Einsatz fürs Dorfjubiläum lohnt, weil darin die Kirchengemeinde als inspirierender Teil der Dorfgemeinschaft wahrgenommen werden kann. Die Zusammenarbeit verbindet und kann sehr einladend wirken. Entscheidend ist dabei, die passende Größe des Festes zu finden, um möglichst viele Menschen mit einzubinden, die je begrenzt ihren Teil beitragen, mitarbeiten und mitfeiern können.
2. Aus Sackgassen können neue Perspektiven werden. Wenn eine Dorfchronik oder Jubiläumsschrift zu aufwendig ist, lassen sich Szenen aus der Geschichte einbringen und zu einem Theatergottesdienst gestalten. Der unterstreicht mit dem Gang durch die Geschichte den Jubiläumscharakter, ist offen für eine geistliche Deutung und spricht durch seine unterhaltsame Art auch Menschen an, die wenig oder schlechte Gottesdiensterfahrung haben.

3. Der Gottesdienst soll geistlichen Tiefgang besitzen, aber unbedingt auch einladend gestaltet sein, so dass auch Menschen ohne liturgisches Vorwissen mitfeiern können und nicht zu Zuschauern werden. Gute Musik mit Bezug zum Jubiläumsort kann dabei eine große Hilfe sein, aber auch eine alltagsnahe Sprache, die die Elemente des Gottesdienstes verbindet und verständlich macht. Eine Prise Humor lässt ebenfalls positiv den Festcharakter durchscheinen und kann ermutigen, der Menschenfreundlichkeit Gottes auf die Spur zu kommen und das Fest als Segen zu erfahren.

Michael Schümers

ist Pfarrer mit Leidenschaft, viel Musik und Kreativität. Er ist glücklich verheiratet mit Merike (ebenfalls Pfarrerin) und von munteren 4 Töchtern umgeben.

Zudem betreut er die Estlandpartnerschaft seiner Landeskirche. Dabei staunt er, wie der Blick über den Kirchenzaun die (geistliche) Perspektive weitet, Gottvertrauen stärkt und Gelassenheit schenkt.

Modell 17

GoSpecial

Der Gottesdienst für Kirchendistanzierte

Ist das schön, wenn wir müde, erschöpft und voller Dankbarkeit gemeinsam beim Nachmittagsessen sitzen und den eben gefeierten GoSpecial Revue passieren lassen. Manche von uns sind schon seit 6 Uhr (und das am Sonntagmorgen) auf den Beinen, um alles für den Gottesdienst aufzubauen und vorzubereiten. Ein Blick dann um 10.30 Uhr von der Bühne auf Hunderte erwartungsvolle Besucher zeigt wieder, dass sich der Aufwand und der vielfältige Einsatz lohnen. Neunzig Minuten später leert sich der Saal, wir bekommen auf die Schulter geklopft und hören Lob wie „Ein wunderbarer GoSpecial!", „Klasse!", „Die Predigt verführt zum Glauben!" oder „Jetzt werde ich meinen Kirchenaustritt hinauszögern!" Nun beim Essen schaue ich in die glücklichen Gesichter der ehrenamtlichen Mitarbeitenden und denke: „Das ist ein Stückchen Himmel auf Erden!"

GoSpecial ist ein moderner und zeitgemäßer Gottesdienst für Kirchendistanzierte und suchende Menschen des 21. Jahrhunderts, die dem Sinn ihres Lebens und Gott näherkommen wollen.

Es werden aktuelle Fragen behandelt. Die Bandbreite reicht von

„Sterbehilfe: Ich warte nicht auf den Tod, ich fahre hin!" über „Gott ist verschwunden!?" hin zu „Krieg und Frieden". Diese relevanten Themen werden mit Kreativität, Humor, zeitgemäßer Live-Musik und manchmal mit besonderen Gästen umgesetzt. Als Gäste konnten beispielsweise der Olympiasieger Michael Groß, der TV-Star Joey Kelly oder der Schauspieler Samuel Koch begrüßt werden.

Der GoSpecial dauert meist 90 Minuten und wird von einem Kernteam von rund 12 Personen inhaltlich geplant und von verschiedenen Teams mit rund 25 Personen (Musiker, Theaterteam, Techniker, Catering-Team etc.) unterstützt. Zwischen 300 und 500 BesucherInnen kommen zu den monatlichen GoSpecials, davon rund ein Drittel BesucherInnen, die beim Feedbackbogen angeben, dass sie im letzten Jahr sonst keinen Gottesdienst besucht haben – also nicht einmal an Weihnachten. Auf der Homepage www.gospecial.de finden sich weitere Informationen.

GoSpecial wurde entwickelt, weil wir immer mehr den Eindruck hatten, dass die binnenkirchliche Kultur für Menschen, die sie nicht kennen oder verstehen, oftmals ein Hinderungsgrund ist, ihren Fragen und Sehnsüchten nach Gott nachzugehen. Deshalb lassen wir uns radikal auf die Kultur der Kirchendistanzierten ein und planen alles mit Blick auf diese GoSpecial-Zielgruppe. Wir fragen uns: Was sind ihre Bedürfnisse, welche Themen beschäftigen sie, welche Musik hören sie, was mögen sie, was irritiert sie an Kirche und Gottesdiensten?

Das führt zum Beispiel dazu, dass die christliche Symbolik nicht auftaucht: kein Altar, kein Kreuz, kein Talar – und es gibt kein Kirchensprech. Es werden aktuelle Themen behandelt, die auf den ersten Blick keinen christlichen Bezug haben, die Live-Band spielt säkulare Radiosongs, es gibt eine Moderation sowie einen Kreativ-Teil (Theaterstück, Videoeinspielung, Interview, Sketch, Pantomime, Poetry-Slam o. ä.). Gleichzeitig gibt es in jedem GoSpecial aber auch typische christliche Gottesdienstelemente wie ein Fürbittengebet, Lobpreis, das Vaterunser, den Segen und sogar eine Predigt. Dabei wollen wir, dass sich jede Besucherin und jeder Besucher ohne Vorwissen christlicher Elemente willkommen fühlt. Aus diesem Grund erklären wir, was ein Gebet und Segen sind, warum wir Lobpreis feiern und das Vaterunser wird an die Wand gebeamt, damit selbst bei diesem Grundgebet niemand das Gefühl hat, ausgeschlossen zu werden.

Ein besonders beliebtes Element ist das sogenannte „Kreuzverhör", in dem der Predigerin oder dem Prediger auf den Zahn gefühlt werden kann. Nach der Predigt können die BesucherInnen Fragen notieren, die die Moderation dann der Predigerin oder dem Prediger stellt. In zehn Minuten sollen dann so viele Fragen wie möglich beantwortet werden – mit maximal einer Minute Zeit pro Frage.

Zum GoSpecial gehören auch eine Ankommensphase und gemeinschaftsstiftende Aktionen am Ende. So kann man sich zu Beginn aufs Thema einstimmen mit Aktionen, Umfragen o. ä., bekommt ein passendes Begrüßungsgeschenk oder kann am Büchertisch und bei einem Getränk die Zeit vor dem GoSpecial nutzen. Im Anschluss an den GoSpecial gibt es immer etwas zum Essen und zum Trinken, die „Ansprech-Bar", Raum für Gespräche mit den ModeratorInnen, Gästen und PredigerInnen, Interaktionen, vertiefende Angebote wie Seelsorgegespräche und Einzelsegnungen. Tatsächlich ist jeder GoSpecial etwas anders, aber einige Elemente finden sich immer wieder.

Manche Dinge, die wir taten, waren bewusst provokant – wie beispielsweise die Idee, einen GoSpecial zum Thema „Homosexualität" mit "GoGay" zu bewerben, beim Thema „Kein Sex in der Ehe?" Playboyhefte zu verteilen, als Gesprächspartnerin eine Prostituierte zu interviewen oder den Designer und Enfant Terrible Harald Glööckler als Prediger einzuladen. Dies führte oftmals zu harscher Kritik aus der christlichen Szene, schuf aber gleichzeitig viel Publicity und Aufmerksamkeit für die Zielgruppe der Kirchendistanzierten. Es braucht das Provokante und Mutige, um Kirchendistanzierte zu erreichen und manchmal hätten wir sogar noch mehr wagen sollen,

hätten mutiger, provokanter und prophetischer auftreten sollen, denn der leichte und bequeme Weg ist nicht immer der geistliche Weg.
Nach 15 Jahren GoSpecial hatten wir übrigens den Eindruck: Jetzt ist eine Erneuerung dran. Das Team hat daraufhin den GoSpecial 2.0 entwickelt. Das hieß: Wir feiern nicht mehr einen zentralen Gottesdienst mit den BesucherInnen, sondern an wechselnden Orten. Denn das gibt verschiedene Erfahrungsräume. Die Gäste sollten sich zu Beginn eines GoSpecials entscheiden: Will ich heute Musik genießen, ein Gespräch haben, eine Predigt hören ... Aber Achtung: Diese Beteiligungsidee ging total in die Hose. Viele BesucherInnen wollten einfach aus der Distanz zuschauen und mitfeiern und sich nicht für oder gegen etwas entscheiden. Die wechselnden Orte irritierten ebenfalls. Wo findet denn bloß der nächste GoSpecial statt, wie komme ich da überhaupt hin, mit der Bahn, gibt es dort Parkplätze? So fielen die Besucherzahlen von 500 teilweise auf 80, 60, 40 BesucherInnen zurück.

Die Entscheidungen im Vorfeld überforderten zahlreiche Menschen und wir lernten (erneut), dass Kirchendistanzierte in erster Linie anonym in einem abgedunkelten Saal zuschauen und mitfeiern wollen an einem ihnen bekannten und beliebten Ort wie etwa einem Kino. GoSpecial 2.0 frustrierte auch die Mitarbeitenden, denn für sie gab es durch die wechselnden Orte einen riesigen Mehraufwand. Wie war der Ort nun zu beschallen, welche Dekoration braucht es, wo können wir Material lagern, gibt es eine Küche etc.? Es brauchte mehr Technik, mehr Werbung, mehr Einsatz und Mitarbeitende.

Nach einem Jahr haben wir dann die Reißleine gezogen und sind zurück ins Kino gegangen, wo wir bis dahin immer GoSpecial feierten. Der erste GoSpecial nach GoSpecial 2.0 wurde beworben mit schlicht „Zurück im Kino!" Die BesucherInnen dankten es und strömten zu Hunderten wie zuvor an den altbekannten Ort mit dem altbekannten Konzept zurück und auch das Team war dankbar.

Unsere wichtigsten Erfahrungen

1. Wir versuchen in jedem GoSpecial etwas Einzigartiges, Unerwartetes, Besonderes, Überraschendes einzubauen. Etwas, an das man sich gerne erinnert, das herausragend ist und das sich von anderen Gottesdiensten und Veranstaltungen unterscheidet. Dieses gewisse Etwas zu finden, ist oft das Anstrengendste überhaupt, aber wenn wir eine Idee gefunden haben, dann strahlt das Team und die Besucher danken es im Nachgang. Beispiele gefällig? Wir haben zu Beginn eines Weihnachts-GoSpecials Sekt ausgeschenkt, angestoßen und gemeinsam dem Geburtstagskind Jesus „Happy Birthday" gesungen. Oder ich als Pfarrer habe mich mal in der Osternacht live rasiert und nachdem ich mir den Schaum abgetupft und den Rasierer beiseitegelegt habe, gesagt: „Wenn Ihr jetzt Euren Nachbarn erzählt, dass der Pfarrer sich zur Beginn der Predigt im Gottesdienst rasiert hat, wird jeder antworten: ‚Das glaube ich nicht.' Genauso war es damals an Ostern, als die Ersten erzählt haben: ‚Jesus ist auferstanden!' Niemand glaubte es." Der Mega-Hit „Hello again" von Howard Carpendale, der ja von einem bedeutenden Wiedersehen erzählt, beendete diese GoSpecial-Osternacht. Solche Besonderheiten sind noch nach Jahren die Brücke, um sich an die Kernaussage des GoSpecials zu erinnern.
2. GoSpecial kann Interesse an Glaube, Gott und Gemeinde wecken, dem müssen aber unbedingt weiterführende Angebote folgen, damit Menschen, deren Interesse durch GoSpecial geweckt wurde, die nächsten Schritte gehen können. Deshalb gibt es bei uns zahlreiche Folgeangebote wie Glaubenskurse, Einsteigerhauskreise, Kennenlernabende u. v. m.
3. Wir sind aber noch einen Schritt weitergegangen und haben auch unsere sonntäglichen Gottesdienste verändert. Es wurde beispielsweise ein moderner Gottesdienst eingeführt, der im Stil, in der Musik, mit Predigtreihen dem GoSpecial ähnelt, um den GoSpecial-BesucherInnen den Übergang in unsere Andreasgemeinde zu erleichtern, damit sie leicht Anschluss finden. Wenn dies nicht geschieht und man nur hin und wieder einen Gästegottesdienst

wie GoSpecial feiert, er aber nicht in die Gesamtgemeindestrategie eingebunden ist, dann bleibt er einfach ein schöner Event, der anfangs viel Interesse weckt und BesucherInnen anzieht. Aber der Reiz des Neuen ist irgendwann weg und schnell läuft sich so ein Event aus. GoSpecial gibt es seit fast dreißig Jahren, weil er eingebunden ist in die Gesamtgemeinde – und weil die Gesamtgemeinde an vielen Punkten immer GoSpecial-ähnlicher wurde.

Karsten Böhm

liebt Sport, Reisen und Serien. Er ist Pfarrer der Andreasgemeinde Niederhöchstadt (www.andreasgemeinde.de) bei Frankfurt und leitet GoSpecial, der monatlich mehrere Hundert Besucher anlockt. Daraus ist auch der Podcast „GoSpecial-Talk" entstanden.

Modell 18

„Nimm deine Matte und komm!“

Yoga-Gottesdienste für Leib und Seele

Wenn Menschen in Jogginghose an einem Sonntagabend zielstrebig in Richtung Kirche gehen, dann haben sie ein besonderes Ziel. Der Besucher und die Besucherin eines Yoga-Gottesdienstes ist schon von weitem zu erkennen: die große Tasche und die Yogamatte unter dem Arm! Auch der große Gottesdienstraum unterscheidet sich, weil es nur wenige Sitzmöglichkeiten den Wänden entlang gibt. Erwartungsvoll werden Jacken und Schuhe ausgezogen, Matten ausgerollt, Kissen platziert, Stühle an den richtigen Ort gerückt. „Herzlich willkommen zum Yoga-Gottesdienst!“

„Ein Gottesdienst, der bewegt und berührt. Ein Gottesdienst für Körper, Geist und Seele. Wir feiern diesen Gottesdienst im Namen des Vaters, des Sohnes und des Heiligen Geistes.“ Bekannte und neue Formen prägen und gestalten diesen Abend. Der Körper wird bewusst in den Gottesdienst einbezogen. Im Körpergebet zum Beispiel, bei den Worten des Vaterunsers oder in den kleinen Übungen, die nach den kurzen Wortimpulsen folgen. Es sind Übungen aus der Achtsamkeits- und Yogapraxis, die dehnen und strecken, erfrischen und entspannen. Sie leiten uns in die Gegenwärtigkeit und helfen, dass die Worte der Predigt im Körper weiterwirken und wir die körperliche Dimension der biblischen Botschaft tiefer verstehen und begreifen. Es sind einfache Übungen, die alle Teilnehmenden ausführen können und zwar in dem Maße, wie es für sie passt. Die einen bewegen sich auf der Matte, die anderen im Stehen oder auf dem Stuhl.

Sogar das bewusste Sitzen in der Stille, das Herzensgebet, bezieht den Körper mit ein. Wie sitzen wir da? Lassen wir es zu, dass der Atem uns würdevoll aufrichten kann? Der Yoga-Gottesdienst beinhaltet viele Momente der Stille, nicht weil uns die Worte ausgegangen sind, sondern weil wir glauben, dass es in uns viel zu laut ist, sodass wir das Lauschen auf die leise Stimme in unserem Innern verlernt haben. Gemeinsam sitzen wir für ein paar Minuten in der liebevollen Gegenwart Gottes. Es ist nicht wichtig, ob wir uns komplett dieser Stille hingeben können, aber wir geben uns eine Chance und haben die Möglichkeit, in die Ruhe einzutauchen.

Zum Segen legen wir uns auf die Matte. Als Zeichen, dass wir Gottes Segen nicht erarbeiten können, drehen wir in Rückenlage die Handflächen nach oben und lassen die Füße nach außen sinken. Am richtigen Ort zur richtigen Zeit müssen wir nirgendwo hineilen, nichts erledigen, sondern dürfen den Segen Gottes als Geschenk empfangen. Was für eine Wohltat!

Anderthalb Stunden dauert ein Yoga-Gottesdienst und ist meistens viel zu kurz. Auch das Singen hat seinen festen Platz in der Liturgie. Meist sind es ruhige, meditativ besinnliche Lieder. Und wir eröffnen und beschließen den Gottesdienst mit einem dreimaligen Shalom – Gottes Friede, der höher ist als unsere Vernunft, möge unsere Herzen und Sinne bewahren.

Nach dem Gottesdienst bleiben einige noch ein wenig sitzen, andere erheben sich gleich von ihrem Platz und rollen ihre Matte zusammen. Ihren Gesichtern kann man ansehen, dass sie etwas erlebt haben, was sie berührt und gestärkt hat. Die einen verlassen still den Raum, denn diese kostbare klare, wache Ruhe in ihrem Innern darf man nicht zerreden. Andere plaudern gerne hier und dort oder stellen uns Fragen. „Wann findet wieder ein solcher Gottesdienst statt?“ „Gibt es noch andere Orte mit einem solchen Angebot?“

Wir sind ein kleines Team von drei Personen. Ein/e Theolog*in, ein/e Musiker *in und ein/e Christliche Yogalehrer*in. Die Sela-Yoga-Gottesdienste finden in Witten in Zusammenarbeit mit Sela, dem „Institut für Christliches Yoga“, und der Creativen Kirche statt. Wir selbst fühlen uns danach jedes Mal beschenkt und gestärkt.

Das Wort Yoga-Gottesdienst macht neugierig. Was ist das? Bin ich da nicht zu unsportlich? Kann man Yoga und Gottesdienst in einem Atemzug nennen? Muss man sich da auf einem Kissen unbequem zusammenfalten? Ist das endlich ein Gottesdienst ohne frommen Firlefanz? Ist es nicht peinlich, wenn ich so unbeweglich bin? So sind es ganz unterschiedliche Fragen, die dieses Format aufwirft und genauso unterschiedlich sind die Menschen, die ihn besuchen: Interessierte und Neugierige, Yoga-Fans, Kirchenferne und spirituell Suchende, solche, die der Kirche nach längerer Zeit nochmals eine Chance geben, und Christen, die sich danach sehnen, ihren Glauben mit neuen ganzheitlichen Impulsen zu vertiefen. Alle finden hier ihren Platz. Entweder auf dem Stuhl oder auf dem Kissen. Alle sind willkommen.

Dieser Gottesdienst lebt von seiner Atmosphäre. Jedes Mal wird ein Raum eröffnet, in dem Menschen in Gottes liebender Gegenwart so sein können, wie sie sind. Es soll ein bewusster Gegenpol zum Alltag sein, der mit seinem Overload an Ansprüchen, Informationen und Reizen uns oft über unsere Grenzen treibt. Die aktuelle Welt ist laut, unruhig und unsicher, gebeutelt von Krisen, Krieg und Katastrophen. Dieses Angebot soll Raum schaffen für alle, die die Stille, den Trost und den Halt ganzheitlich suchen. Die Liturgie ist ein einziger Weg in die Stille und die Ruhe. Es sind im weitesten Sinn Elemente aus der Yogapraxis, die wir mit christlichen Inhalten füllen. Entspannungsübungen, Achtsamkeitspraxis, Körperübungen, Atemtechniken und das positive Wort, die Predigt.

Wer saß nicht schon mal in einem Gottesdienst und war mit den Gedanken wo ganz anders? Ich bin überzeugt, ich bin nicht die Einzige. Und das geschieht uns nicht, weil die Qualität der Predigt zu wünschen übrig lässt, sondern weil wir mit unserer Gedankenwelt die Unruhe und den Stress mit in den Gottesdienst gebracht haben. Nur weil sich die schweren Pforten der Kirche geschlossen haben und den Lärm draußen halten, ist es in unserem Inneren nicht automatisch ruhig und fokussiert.

Das motorische Prinzip der Pädagogik beschreibt, dass über Bewegungen Aneignungsprozesse stattfinden, welche deutlich nachhaltiger wirken als Gehörtes, Gesehenes oder Gesprochenes. Da im Yoga-Gottesdienst fast der ganze Körper in Bewegung und im Einsatz ist, findet ein nachhaltiges Lernen und Verinnerlichen statt. Durch den Einbezug des Körpers fällt es leichter, die Aufmerksamkeit und den mentalen Fokus auf das Wort und die Gegenwärtigkeit Gottes zu richten.

Es handelt sich beim Yoga-Gottesdienst nicht um eine intellektuelle, dialektische Auseinandersetzung mit dem Wort, sondern um einen ganzheitlichen Glauben, der alle Sinne, den ganzen Körper und alles, was uns ausmacht, einbezieht. Hier geht es um eine verlorene Dimension unseres Glaubens. Es ist nicht nur wichtig, was wir glauben, sondern wie sich dieser Glaube manifestiert, sich an, in und mit unserem Leib verkörpert. Gott ist in Jesus ein Mensch mit einem Leib geworden und kennt unsere Schmerzen und unser Glück. Er hat damals Menschen berührt und uns alle mit seinem leiblichen Tod erlöst. Heute spüren wir der körperlichen Dimension des Wortes nach. Nimm deine Matte und komm!

Pia Wick

ist die Gründerin von Sela – Institut für Christliches Yoga. Sie ist zertifizierte Yogalehrerin, Institutsleiterin, Bewegungspädagogin, Grundschullehrerin, Familienfrau und Christin.

Modell 19

„Willkommen an Bord!"

Schulgottesdienste

Sehr geehrte Passagiere, wir sind vor Kurzem ausgelaufen und heißen Sie herzlich an Bord willkommen! Bitte schenken Sie uns Ihre Aufmerksamkeit für einige kurze Sicherheitshinweise. Die MS Kurt Huber ist nur spärlich mit Schwimmwesten für aufkommende Test-Winde oder Schulaufgaben-Orkane ausgestattet. Bitte schauen Sie unter Ihrem Tisch oder Stuhl nach, ob Sie dort eine entsprechende Rettungsweste finden können. Bei drohender Übelkeit bitte das Fenster weit öffnen und danach schnell wieder schließen! Denken Sie bitte an die anderen Mitreisenden. Wir wünschen Ihnen jetzt eine angenehme Fahrt und weisen Sie gleich auf einen ersten Höhepunkt unserer Reise hin: Morgen früh um 8 Uhr Bordzeit gibt es einen ökumenischen Gottesdienst auf dem St. Michaels-Deck. Wir freuen uns, wenn Sie dort unsere Gäste sind und wünschen Ihnen einen erholsamen Aufenthalt. (Durchsage über Schullautsprecher am Tag vor dem „In einem Boot"-Anfangsgottesdienst.)

Meist feiern wir am Kurt-Huber-Gymnasium im Schuljahr drei Gottesdienste (Anfangs-, Weihnachts- und Schlussgottesdienst) und dazu einen Abi-Gottesdienst. Sie werden – freiwillig – von Schüler*innen,

Lehrkräften und immer wieder auch von Eltern besucht. Während der Weihnachtsgottesdienst meist in einer nahe gelegenen Kirche stattfindet, sind Anfangs- und Schlussgottesdienst oft auf dem Schulcampus – je nach Wetter im Innenhof oder der Mehrzweckhalle. Letzteres bedeutet zwar mehr Arbeit, z. B. unter Einbezug des Aufbau- und des Technikteams, macht aber alleine schon durch den Ort deutlich, dass dies ein Gottesdienst in und aus der Mitte unserer Schulgemeinschaft ist.

Schulgottesdienste beginnen bei uns mehrere Wochen, wenn nicht sogar Monate, bevor sie tatsächlich gefeiert werden. Denn die Vorbereitung mit einem Team von Schüler*innen, die sich dazu gemischt-konfessionell als Arbeitsgemeinschaft zusammenfinden, ist für unsere Gottesdienste essenziell.

Zu Beginn wird in dieser Gruppe gemeinsam das Thema für den Gottesdienst gesucht. Es ergibt sich oft aus etwas, das die Schulgemeinschaft gerade beschäftigt: Das können schulinterne Themen wie der Umbau sein, der die Schule monatelang zu einer Baustelle macht („Alles Baustelle?“), oder Themen, die in der Schule viel Gewicht haben, aber auch eine gesamtgesellschaftliche Relevanz wie z. B. Bewertungen („Das ist Ansichtssache – ein Gottesdienst über Bewertung“). Aber auch große Krisen wie die Klimakatastrophe standen schon im Mittelpunkt unserer Gottesdienste („… weil uns die Zukunft nicht egal ist“). Im nächsten Schritt überlegen wir dann gemeinsam den theologischen Bezug unseres Themas und suchen eine passende Bibelstelle.

Wenn möglich, versuchen wir in unsere Gottesdienste möglichst viele Mitglieder unserer Schulgemeinschaft einzubeziehen. Zum Beispiel haben wir für einen Weihnachtsgottesdienst vorher in den (Religions-)Klassen eine Umfrage gemacht, welche Weihnachtslieder bei den Schüler*innen am beliebtesten sind – diese wurden dann im Gottesdienst „mit euren Weihnachtslieder-Hits“ natürlich gesungen, auch wenn es nicht nur kirchliche Lieder waren. Beim „Keine Macht dem Frust“-Anfangsgottesdienst haben Schüler*innen ab der 6. Klasse und Lehrkräfte Willkommenszettel für Neue geschrieben, in denen sie ihnen Tipps gegeben haben, was sie machen können, wenn sie gefrustet sind, und welche Hilfen es an unserer Schule (wie z. B. Coaching-Team, Sozialpädagog*innen, Vertrauenslehrkräfte etc.) in solchen Situationen gibt. Von diesen Tipps wurden dann im Gottesdienst natürlich auch einige vorgelesen. Und beim „Das ist Ansichtssache"-Gottesdienst haben wir vorher viele Schüler*innen, Lehrkräfte und auch andere Mitarbeitende zum Thema Bewertung befragt und die zusammengeschnittenen Interviews dann eingespielt.

Für den Ablauf haben wir ein grobes Schema, das wir – je nach Thema, Ideen und Elementen anpassen. Oft starten wir noch vor der Begrüßung mit einer Szene, die das Thema eröffnet. So schlenderten z. B. beim „All you need is love"-Gottesdienst zum eingespielten Beatles-Song verschiedene Liebes-Paare durch den Raum: neben einem hetero- und einem homosexuellen Pärchen auch beste Freund*innen, eine Jugendliche mit Hund, eine Kollegin mit ihren Kindern etc. Beim oben schon erwähnten Baustellen-Gottesdienst waren Bankreihen mit Sicherheitsband abgesperrt und Warnschilder aufgestellt. Man konnte fast sagen: „Betreten der Kirche auf eigene Gefahr!"

Statt einer „klassischen" Predigt gibt es in unseren Schulgottesdiensten entweder ein Predigt-Gespräch, bei dem sich zwei Schüler*innen sitzend unterhalten und dabei die unterschiedlichen Elemente des Gottesdienstes mit dem Bibeltext zusammenbringen, oder aber Predigt-Spotlights, die das Thema bzw. den Bibeltext im Kontext des Themas kurz aus unterschiedlichen Perspektiven beleuchten. Für alle Texte gilt, dass sie keine kirchlichen Floskeln enthalten und sprachlich zu der Person passen, die ihn spricht.

Wichtig ist es uns auch, während der Vorbereitung frühzeitig mit unseren Musik-Kolleg*innen zu klären, wer mit welchem Ensemble für die musikalische Gestaltung zuständig ist, und dann sowohl Lieder als auch weitere Musikstücke gemeinsam mit ihnen abzusprechen. Dabei geht es neben thematisch passenden (nicht nur kirchlichen) Liedern auch darum, dass diese für das beteiligte Ensemble gut spielbar sind.

Neben Werbung durch Plakate und einer Durchsage am Tag vorher ist auch wichtig, dass alle, die im Gottesdienst sprechen oder spielen, dies vorher (mit Mikrofon) üben. Wir üben jedes Gebet, jeden Bibeltext und natürlich die Predigtspotlights bzw. das Predigtgespräch genauso wie Szenen. Dabei stellen wir oft noch fest, welche Sätze oder Wörter nicht zu der sprechenden Person passen und ändern sie ab. Für alle Texte, die keine Gebete sind oder auswendig gesprochen werden, gibt es in DinA5 Querformat Moderationskarten, damit sie möglichst frei vorgetragen werden können und die Sprechenden in gutem Kontakt mit den Besucher*innen sind.

Unsere wichtigsten Erfahrungen

1. Ein so vorbereiteter und gestalteter Gottesdienst ist natürlich viel aufwendiger als ein agendarischer, den eine Pfarrperson weitgehend alleine gestaltet. Dennoch halte ich es auch für Gemeinden für wünschenswert, immer wieder derartige Gottesdienste anzubieten und sie als wechselseitiges Geschehen zu begreifen, das die Lebenswirklichkeit der Gottesdienstbesucher*innen“ ernst nimmt.
2. Ebenso ist der Einbezug von Menschen aus der Gemeinde auch dann möglich, wenn der Gottesdienst von einer Pfarrperson vorbereitet wird, z. B. indem sie in der Vorbereitung verschiedene Menschen bittet, ihre Gedanken zu einem bestimmten Thema aufzuschreiben und diese dann an geeigneter Stelle einbezieht.
3. Das Üben von verschiedenen Elementen der Gottesdienste (auch von Pfarrpersonen selbst) würde auch bei agendarischen Gottesdiensten dafür sorgen, dass die an ihnen teilnehmenden Menschen noch direkter angesprochen werden.

Andrea Rückert

© Benjamin Rückert

Pfarrerin im Schuldienst am Kurt-Huber-Gymnasium Gräfelfing im Westen von München. Sie war viele Jahre lang Mitautorin und -herausgeberin der Schulbuchreihe Ortswechsel.

Modell 20

„An Tagen wie diesen!"

Säkulare Musik im Gottesdienst

Ich stehe an der Kirchentür und verabschiede die Gottesdienstbesuchenden. Neben den üblichen Verdächtigen schwanken müde, teils noch alkoholisierte Pärchen in Tracht heraus. Kirmesgottesdienst. Eine Frau der ersten Gruppe beugt sich am Ausgang verschwörerisch zu mir vor: „Frau Pfarrer, das hatten wir noch nie gehabt, dass die Kirmesgesellschaft lauter singt als die Gemeinde!"

Was war geschehen? Ich hatte aus Ermangelung eines Kirchenmusikers selbst zur Gitarre gegriffen. „An Tagen wie diesen" von den Toten Hosen war für die Kirmesgesellschaft auch ohne Liedzettel kein Problem gewesen. In der Predigt habe ich dann die tiefe menschliche Sehnsucht nach Glücksmomenten aufgegriffen. Darüber hinaus hat die Kirmeskapelle zum Ein- und Auszug gespielt und ich habe noch zwei bekanntere Choräle für die Kerngemeinde im Gottesdienst eingebaut.

Zwei Aspekte bewegen mich, Musik immer weniger in „sakrale Musik", die man als Standard verwendet, und „weltliche Musik", die ab und zu als Ausnahme mal auftauchen darf, einzuteilen: Musik, wie auch Kunst im Allgemeinen ist eine Gabe Gottes. Natürlich kann alles, was uns Gott gegeben hat, auch missbraucht werden, aber erst einmal gehe ich davon aus, dass Kunst in irgendeiner Form tiefe göttliche Wahrheit vermittelt. Es gibt Gründe, warum uns die ein oder andere Kunst tief berührt. Ich glaube, dass Gott durch so viel mehr sprechen kann als nur durch offiziell sakrale Musik – egal, ob wir von Lobpreis oder von Chorälen sprechen. Und: Musik kann ausschließen, nämlich dann, wenn sie nicht bekannt ist. Wer nicht regelmäßig Gottesdienste besucht, wird stumm bei den meisten Liedern in der Bank sitzen und das Gefühl vermittelt bekommen, nicht dazuzugehören. Selbst regelmäßige Gottesdienstbesuchende tun sich mit manchem Wochenlied schwer und hören zuhause völlig selbstverständlich und wesentlich emotionaler Helene Fischer, Max Giesinger oder Feine Sahne Fischfilet.

Lieder aus der Popkultur zu verwenden, ist eine einfache Möglichkeit, Menschen, die keinen Bezug zum Evangelischen Gesangbuch haben, in den Gottesdienst zu integrieren. Dabei geht es nicht explizit um Jugendarbeit. Jede Kasualgemeinde ist dankbar, wenn sie Lieder singen darf, die sie kennt und emotional mit etwas verbindet.

Um die richtigen Lieder einzusetzen, muss ich aber meine Zielgruppe gut kennen. Die Kunst ist es, Lieder zu finden, die zur jeweiligen Menschengruppe passen. In vielen Fällen (beispielsweise bei Kasualien und Jugendgottesdiensten) kann man sogar die Gottesdienstgemeinde vorher fragen, ob sie einen Liedwunsch hat.

Die Verwendung von Popularmusik sollte aber nicht ausschließlich darauf abzielen, in der Predigt anhand der Weltsicht des Liedes die theologisch korrekte Weltsicht darzustellen. Gottesdienstbesuchende sind erwachsen und schaffen es durchaus selbst, das Gottesdienstthema, ihre Geschichte mit einem Lied und ihre Gefühle und Sehnsüchte miteinander in Beziehung zu setzen. Das ist eine Haltungsfrage: Nehme ich meine Gemeinde als gleichberechtigtes Gegenüber auf Augenhöhe wahr oder als mir ausgelieferte Schäfchenherde? Wenn man öfter unkommentiert nicht explizit sakrale

Lieder verwendet, schult man automatisch auch die Gemeinde, sich nicht nur berieseln zu lassen, sondern selbst weiterzudenken.

Man kann einen agendarischen Gottesdienst sehr einfach komplett mit sogenannter säkularer Musik gestalten. Die Themen sind da. Auch säkulare Musikschaffende sind Geschöpfe Gottes. Ihre Musik erzählt meist automatisch von grundlegenden Dingen, die auch ein Gottesdienst behandelt: Scheitern, Freude, Leid und Trauer begegnen uns nicht nur im Lobpreis oder im Kirchengesangbuch. Und gar nicht selten findet man bei genauem Hinschauen auch einen Gottesbezug.

So singt Avril Lavigne beispielsweise „God keep my head above water" (Gott, halte meinen Kopf über Wasser). Das Lied ist ein einziges Gebet einer in ihren Krisen Ertrinkenden. Aber Vorsicht: Nur weil Hozier singt „take me to church" (nimm mich mit zur Kirche), heißt das nicht, dass er fromm an den sonntäglichen Kirchgang erinnert. Das Lied ist eine sehr leidenschaftliche Liebeserklärung an einen anderen Menschen. Auch das kann man mit Gottesbezug auslegen, muss man aber wollen und vor allem gut einbetten.

Die Machbarkeit, solche Lieder einzubringen, ist unterschiedlich, aber keine unüberwindbare Hürde. Natürlich ist es toll, wenn eine professionelle Band das Lied begleitet. Aber durch die Bekanntheit der Lieder reicht oft eine schlichte Begleitung. Manche modernen Songs sind tatsächlich für Laien kaum spielbar und dürfen dann auch gerne eingespielt werden. Wer eine fitte Kirchenmusikerin hat, kann sich auch über Orgelinterpretationen bekannter Stücke freuen. So wurde ich einmal sehr spontan mit einem Filmmusikmedley von „Herr der Ringe" überrascht, nachdem ich über Hobbits gepredigt hatte.

Ein Beispiel: Es war die Bestattung einer Frau mit langer Lebensgeschichte. In Hamburg geboren, durch die Liebe am Bodensee gelandet. Kurz zuvor war Helmut Schmidt mit Fernsehübertragung bestattet worden. Die Angehörigen sprechen im Trauergespräch an, dass die Oma es so schön fand, wie „Weißt du, wie viel Sternlein stehen" beim Staatsakt gesungen wurde. Die Angehörigen sind sich nicht einig: Darf man ein Kinderlied auf einer Beerdigung singen? Ist das nicht komisch? Ermutigt von der Pfarrperson, entscheiden sich alle gemeinsam dafür. Das Lied steht ja sogar im Gesangbuch!

Als das Lied im Gottesdienst erklingt, merkt man die Überraschung der Gäste, aber es ist eine positive Überraschung! Die Gesichter entspannen sich. Es wird deutlich lauter mitgesungen als vorher. Noch beim Traueressen wird darüber gesprochen. Dieser Moment wird vielen in Erinnerung bleiben, vor allem, wenn sie das Lied wieder einmal hören. Ist es schlimm, an eine Bestattung erinnert zu werden? Nein, denn man denkt ja zugleich an einen lieben Menschen. Wie wohltuend!

Unsere wichtigsten Erfahrungen

1. Wenn wir in der Lebenswelt von Menschen zeigen wollen, dass Glaube Relevanz für sie hat, schließt das auch ihren Musikgeschmack mit ein. Musik erreicht Ebenen, die Worte niemals finden werden.
2. Wenn ich Menschen mit Musik erreichen will, muss ich ihren Musikstil kennen. Manchmal ist das gar nicht so leicht. Bei einer Konfirmation kommen sicher viele Musikstile zusammen. Da kann es entweder heißen, die Eltern mit den frühen 2000ern abzuholen oder an den Konfis dran zu sein. Die Erwachsenen werden es aber wertzuschätzen wissen, dass ihre Kinder mit ihrem Geschmack gesehen wurden. Manchmal muss es das Rennsteig-Lied sein, ein andermal Curt Cobain und dann wieder Ariana Grande.
3. Musik, die Menschen berührt, tut das ohne große Erklärungen. Bevor ich also Liedtexte zerrede, darf ich der Gottesdienstgemeinde zutrauen, ihre eigene Einordnung von Lied, Bibeltexten und anderen Elementen des Gottesdienstes zustande zu bringen.

Anna Böck

© David Pell

war Jugendpfarrerin in Südthüringen und arbeitet nun für den Neukirchener Verlag. Sie ist D-Musikerin (Bandleitung) und leidet an alter wie neuer sakraler Musik. Sie sucht Gott bei den Menschen und entdeckt ihn unerwartet auf der Straße, in ehrlichen Gesprächen und beim gemeinsamen Engagement für eine gerechte Welt.

Modell 21

Wenn Glaube auf den Werkzeugkasten trifft

Handwerksgottesdienste

Die Verbindung von Handwerk und Kirche hat Tradition. Und das wird bei unserem Konzept betont. In der Imagekampagne des Handwerks lautet einer der bekanntesten Claims: „Am Anfang waren Himmel und Erde. Den ganzen Rest haben wir gemacht."

Auf der anderen Seite fehlt in keinem der Grußworte der Kirche in den jährlichen Magazinen der „Arbeitsgemeinschaft Handwerk und Kirche" der Verweis auf den Beruf Jesu. Er war Zimmermann, genau wie Joseph. Was für eine Grundlage für gemeinsame Gottesdienste!

Aber kommen Sie nicht vorschnell zum Urteil, dass Handwerksgottesdienste immer ein traditionelles Antlitz haben, dass sie einer strengen Liturgie folgen. Wir haben in vielen Ecken Deutschlands gute Erfahrungen mit ganz unterschiedlichen Formaten gemacht. Am einen Ende stehen große regionale Gottesdienste, bei denen Vertreter und Vertreterinnen der Innungen traditionell gekleidet und mit jahrhundertalten Innungsfahnen einziehen und diese zum Teil stolz während der gesamten Dauer tragen und ausstellen – und zu denen der Bischof oder die Bischöfin gerne zusagt und die Predigt hält.

Am anderen Ende gibt es kleine, familiäre Formate, die in der Werkstatt eines der örtlichen Betriebe stattfinden und eher einem Thema gewidmet sind, das das Handwerk bewegt, und in dem der Pfarrer, die Pfarrerin eher die moderierende Rolle einnimmt. Die Menschen im unternehmerischen Wettbewerb kommen durch moderierte Gespräche, Lesungen oder durch das gemeinsame Gebet zu einem vertrauensvollen Austausch während des Gottesdienstes oder danach.. Alles ist möglich!

Handwerksgottesdienste finden eigentlich bundesweit statt – immer auch auf Kirchentagen und besonders in den Landeskirchen, die entweder noch eine Handwerkspastorin haben (z. B. in der Landeskirche Hannovers) oder bei denen Referenten oder Diakone des Kirchlichen Dienstes in der Arbeitswelt (mittlerweile auch unter anderen Namen laufend) den stetigen Kontakt zu den Handwerksbetrieben und -organisationen pflegen. Momentan sind dieses insbesondere die Nordkirche, die Landeskirchen Sachsens, Bayerns und Kurhessen-Waldeck.

Liebhaberinnern und Liebhaber des Handwerks gibt es aber überall – Superintendenten/-innen, die ein gemeinsames soziales Projekt mit den Kreishandwerkerschaften zum Abschluss bringen, Gemeindepfarrer und -pfarrerinnen, die die vertrauensvolle Zusammenarbeit mit den unterschiedlichen Gewerken bei der Instandhaltung oder Restaurierung der Kirchenbauten feiern wollen, oder die selbst vormals eine Ausbildung im Handwerk absolviert haben und für die sich das Zusammenkommen von Hämmern und Gebeten, Sägen und Psalmen, Schraubenschlüsseln und Segnungen harmonisch anhört. Der aktuelle Referent für das Handwerk in der EKKW, Peter Grohme, formuliert es so: „Wenn ich Gottesdienste mit Handwerkern organisiere, dann ist das etwas Besonderes. Keine Berufsgruppe hat diese starke Verbundenheit und Vertrautheit mit der Kirche. Das liegt an der gemeinsamen Verantwortung für das Gemeinwesen, dem gemeinsamen Sozialraum. Beide, Pfarrer und Handwerker, schaffen etwas, reparieren und halten etwas zusammen. Der eine mit Wort, der andere mit Tat. Das zu feiern, ist ein Privileg."

Dem Handwerk ist es wichtig, wertgeschätzt und als Wirtschaftsakteur vor Ort sichtbar zu sein. Vielerorts wird der Begriff „Wirtschaft" nämlich mit Industrie oder vielleicht noch Dienstleistungen gleichgesetzt und das Handwerk als Wirtschaftskraft und als Arbeitgeber nicht ausreichend gesehen. Handwerk und Kirche haben zudem viele ähnlich gelagerte Herausforderungen (wie Nachwuchsmangel oder ein verstaubtes Image), aber auch jeweils eine reiche Tradition, Personen und Erfolge zu feiern. Darauf lässt sich gut aufbauen.

Ein Handwerksgottesdienst spricht daher grundsätzlich nicht nur die Firmenleitenden an, sondern kann eine vielfältigere Zielgruppe haben: Neben den Inhaberinnen und Inhabern sind dieses die angestellten Handwerkerinnen und Handwerker, seien es Meister, Gesellen oder Auszubildende. Auch die Frauen im Handwerk sind bundesweit organisiert und arbeiten an Themen und Sichtbarkeit. Zum Teil sind die Teilnehmenden der Gottesdienste Hochverbundene, aber zunehmend auch Menschen, die sich sonst nicht so oft in Kirchen aufhalten. Daher können Gottesdienste, die außerhalb der Kirchenmauern gefeiert werden – in Werkstätten, einer Halle oder an anderer Stelle im Handwerksbetrieb – die Barriere senken und den Radius vergrößern.

Das Wichtigste bei der Planung aber ist eine frühe und gute Kooperation mit der nächsten Kreishandwerkerschaft. Dort sind alle Innungen vertreten, das gemeinsame Anliegen wird von ihnen gut und verbindlich mitorganisiert und kommuniziert. Besprechen Sie hier, ob die Innungen mit ihren Flaggen präsent sein wollen und gestalten Sie gemeinsam die Inhalte. Gestalten Sie einen gemeinsamen Flyer und Poster, die im Ort, in der Region ausgehängt werden können. Auch die nächste Handwerkskammer kann mit ihren Verteilern und ihrer Tatkraft unterstützen. Und auch die örtliche Presse hat – wenn es dem gewählten Rahmen des Gottesdienstes entspricht – ein hohes Interesse an den bunten Bildern des Handwerks. Unter der Seite www.handwerkundkirche.de finden Sie viele weitere praktische Tipps und hilfreiche Vorlagen rund um die Organisation eines Handwerksgottesdienstes. Zusätzlich können Sie sich dort zu den Themen informieren, die das Handwerk umtreibt, und finden regionale Ansprechpartner, die Sie unterstützen.

Überlegen Sie auch, ob sie den Gottesdienst ökumenisch feiern können. Beim Kirchentag in Dortmund kam dieses von ganz allein. Katholische Innungsmeister brachten einfach ihre Marienstatue mit, der sie den Kirchentagsschal umgewickelt hatten. Der damalige Ratsvorsitzende Heinrich Bedford-Strohm war begeistert und hat spontan seine Predigt umgestaltet. Und auch die Musik kann eine gemeinsame Kooperation sein. Es gibt sie nämlich noch, die Bäckerchöre, die musizierenden Handwerker und Handwerkerinnen. Fragen Sie nach und bringen Sie sie mit Ihren Kirchenmusikern zusammen.

Nehmen Sie sich dabei die Freiheit zu improvisieren. Je intimer der Rahmen, desto lockerer kann der Ablauf im Vergleich zu traditionellen Gottesdiensten sein. Es gibt oft keine starren Liturgien, sondern Raum für Spontanität. Handwerkerinnen und Handwerker gestalten gerne aktiv mit: Sie bringen ihre Werkzeuge, ihre Expertise und ihre Geschichten ein. Ein Hammer wird da zum Symbol für die Kraft des Glaubens. Und die Handwerkerinnen und Handwerker erzählen von ihren Erfahrungen, von Erfolgen und Rückschlägen, von ihrem Handwerk und ihrem Glauben.

Das A und O ist der gute Kontakt zum Handwerk, der sich im ganzen Jahr in einem fairen Miteinander bewähren sollte. Es gibt viele Anlässe. Hervorzuheben ist die Pflege der Kirchenimmobilien, bei denen im Rahmen der (Vergabe-)Möglichkeiten darauf geachtet werden sollte, das örtliche Handwerk zu beauftragen. Denn dieses fühlt sich mit dem Ort verbunden, bringt oft viel Wissen aus der Firmenhistorie zu den Immobilien der Kirche ein und kommt auch noch einmal nach Feierabend vorbei, um einen kleinen Schaden zu reparieren.

Zu den Erntedank-Gottesdiensten leistet neben der Landwirtschaft auch das Lebensmittelhandwerk seinen Beitrag. Handwerksbetriebe empfangen im Rahmen von Workshops vielerorts Besuche von Konfirmandengruppen. Pfarrer und Pfarrerinnen werden zu

Freisprechungen der Gesellen und Gesellinnen eingeladen und um einen Beitrag gebeten. Wird dieses alles gelebt, ergeben sich die Anlässe für gemeinsame Gottesdienste wie von selbst. Wir haben auf der oben genannten Website auch noch ein paar weitere Anlässe herausgestellt, bei denen Handwerk und Kirche gemeinsam an einem Strang ziehen können. Es lohnt sich!

Unsere wichtigsten Erfahrungen

1. Machen Sie den Gottesdienst zum gemeinsamen Projekt. Suchen Sie von Anfang an den Kontakt zur Kreishandwerkerschaft. Sie sparen dadurch viele Ressourcen und erhöhen die Reichweite der Feier.
2. Romantisieren Sie das Handwerk nicht. Handwerksbetriebe sind Unternehmen und stehen vor teils schwierigen Herausforderungen. Nehmen Sie ihre Sorgen wahr und bringen Sie diese in den Gottesdienst ein.
3. Denken Sie auch außerhalb der Kirchenmauern. Kirche und Handwerk sind gute Partner im Sozialraum. Gemeinsame Anliegen und Projekte vor Ort stärken die Verbundenheit über das ganze Jahr hinweg.

Annelies Bruhne

ist Geschäftsführerin des Evangelischen Verbands Kirche-Wirtschaft-Arbeitswelt (KWA). Bei ihrer Arbeit reizt sie insbesondere die Gelegenheit, christliche Botschaften flexibel in kirchenferne Räume zu übersetzen.

Praktische Ideen und Vorschläge

Manchmal ist es anregend, zu sehen, wie bestimmte Materialien für Gottesdienste konkret ausgesehen haben. Deshalb haben wir hier ein paar Beispiele zusammengestellt.

Einstieg „Gottesdienst am Lieblingsort“

„Hier bin ich gerne!“

Gottesdienst am Lieblingsort!
Hier bin ich gerne.
Ich atme auf, schöpfe Hoffnung.
Das Leben weht mir um den Kopf.
Hier sehe ich mehr,
fühle tiefer, erlebe intensiver.

Gottesdienst am Lieblingsort!
Ich lache und weine,
singe und schweige,
hier bin Gott nahe,
an meinem Lieblingsort: *Ort wird benannt.*

Am Ende *(auf die Melodie von „Möge die Straße“)*
Bleibe behütet an Leib und Seele,
gehe unter Gottes Schutz und Hort.
In ein paar Tagen (schon nächste Woche/ im nächsten Monat)
feiern wir wieder
Gottesdienst an einem Lieblingsort.
Und bis wir uns wiedersehen, halte Gott dich fest in seiner Hand.
Und bis wir uns wiedersehen, halte Gott dich fest in seiner Hand.

Imke Leipold und Team

Predigt für einen Motorradfahrer-Gottesdienst

Voll satt!

Wie ist das mit dem „Hunger nach Leben"?

Wahnsinn. Es ist so schön, euch zu sehen: So viele Menschen, die Lust haben, zusammen das Leben zu feiern, die Lust haben, interessante Leute zu treffen, eine gute Zeit zu erleben und es sich richtig gut gehen zu lassen. Ihr seht toll aus!

Und ich habe euch heute Morgen eine Geschichte mitgebracht, die von genauso einem Treffen handelt wie diesem hier. Ja, ich behaupte mal: Das sah garantiert genauso aus und das fühlte sich auch genauso an. Da war ein großes Treffen von Leuten, die zusammen das Leben feiern wollten. Einziger Unterschied: Drumherum standen damals keine Bikes, sondern Eselskarren. Maschinen mit einem ES. Einer Eselsstärke! Und ein paar frisierte Hengste. Mit einem PS. Der Rest war identisch: ein Happening mit Hunderten, ja Tausenden von Menschen, die gemeinsam unterwegs waren. Angeblich waren das damals 5000 Leute. Und in jener Zeit wurden nur die Männer gezählt. Also: Mit Frauen und Kindern waren es vermutlich 15 Tausend ... so wie hier.

Die Geschichte, die ich mitgebracht habe, ist die einzige Wundergeschichte aus der Bibel, die in allen vier Evangelien erzählt wird – so wichtig fanden die Menschen sie schon damals. Quasi: die Story der Stories. Also: Etwa 15.000 Leute kommen zusammen. Zu einem spontanen Festival. Einem Event. Einer Sternfahrt. Weil es überall hieß: „Dieser Jesus ist ein Star, den musst du erlebt haben, der erzählt unglaubliche Geschichten. Wenn du dem begegnest, dann fühlst du dich nachher irgendwie heiler als vorher. Und: Die hübschen Mädels aus dem Nachbarort sind bestimmt auch da."

Alles läuft großartig. Partystimmung. Jesus erzählt seine Stories. Er macht Menschen gesund. Und alle sind gut gelaunt. Doch dann wird es Abend. Etwa 18 Uhr. Und die Jünger ziehen Jesus zur Seite und sagen: „Äh, komm mal mit, es gibt da ein kleines Problem!" „Ja", sagt Jesus, „was denn?" „Naja ... die Leute kriegen langsam Hunger." Ich verstehe, warum die Jünger sich mies fühlen. 15.000 hungrige Menschen, das ist wie ein Horrorfilm, kurz vor Armageddon.

Nun ist das Spannende: Biblische Geschichten sind ja immer voller Bilder und Symbole. Da geht es nicht nur darum, was vor 2000 Jahren irgendwelchen antiken Nasen auf einem Berg beim Ort Bethsaida widerfahren ist, sondern immer um die Frage: Steckt in diesen Erfahrungen irgendwas, das so existentiell ist, dass es dich und mich heute noch angeht. Ich würde sagen: Ja. Und ich habe euch fünf Perspektiven mitgebracht, von denen ich glaube: Die gelten heute so wie damals. Schauen wir uns das mal an.

1. Menschen haben Hunger!

Klar. Und schon damals wussten alle: Da geht es nicht nur um einen leeren Magen, da geht es auch um eine leere Seele. Deshalb lautet die erste Botschaft dieser Geschichte: Menschen haben Hunger. Und wie! Lebenshunger! Da kann ich nur sagen, das kenne ich: die Momente, in denen ich mich leer fühle, in denen mir was fehlt, in denen ich ein Defizitgefühl habe. Und ich sag mal so: Wir sehen ja gerade, dass die Gesellschaft sich auf erschreckende Weise verändert. Der Hass nimmt zu. Die Wut nimmt zu. Die Angst nimmt zu. Und manchmal ist die Erkenntnis dahinter banal: Ein Mensch, der wirklich zufrieden ist, dessen tiefster Lebenshunger gestillt ist ... so jemand hasst nicht, so jemand wütet nicht und der hat auch keine Angst. So jemand entwickelt keine Verschwörungstheorien und der denkt auch nicht ständig, dass alle gegen ihn sind. Erich Fromm hat mal treffend gesagt: *„Wer einen Menschen liebt, der liebt die ganze Welt.“* Das heißt: Wer die Welt nicht liebt, dem mangelt es offensichtlich grundsätzlich an Liebe.

Nun ist es nicht grundsätzlich schlimm, Hunger zu haben. Hunger sagt uns erst einmal: „Zeit für einen schönen Eintopf.“ Gibt's ja nachher. Geduld. Wer aber ständig hungrig ist, wessen Hunger nicht gestillt wird, der weiß: Hunger kann richtig wehtun. Er schadet uns auf Dauer, weil wir durch ihn kraftlos und demotiviert werden – und: Hunger treibt zur Verzweiflung. Ich habe den Eindruck: Im Moment erleben wir eine Menge verzweifelter, hungriger Menschen. Der Kirchenvater Augustinus hat mal gesagt: „Wer keine Hoffnung hat, der sucht nicht nach dem, was er verbessern kann, sondern nach dem, was er verwunden kann.“ Wobei die entscheidende Frage für mich eigentlich nicht ist: „Wonach hungern die vielen Unzufriedenen?“, sondern: „Wonach hungere ich?“ Habe ich das Gefühl: „Ja, mein Lebenshunger ist gestillt?“ Oder: „Gibt es etwas, das dazu führen könnte, dass ich mich satter und heiler fühlen würde?“

2. Die Jünger Jesu sagen: „Die Leute sollen sich gefälligst selbst kümmern.“

Geil, oder? Die Jünger haben Angst vor der hungrigen Masse und sagen: „Ey, Jesus, schick die Leute weg, damit sie in die Käffer ringsum gehen und sich da was zu essen kaufen.“ Interessanter Ansatz, oder? Nach dem Prinzip „Jeder ist seines Glückes Schmied“ halten sich die Jünger an das FDP-Prinzip „Eigenverantwortung“ und wollen sich das Problem vom Hals schaffen: „Die sollen sich gefälligst selbst kümmern.“ Und diesen Reflex kenn ich auch: „Ey, wenn es jemandem nicht gut geht, dann ist er doch selbst daran schuld. Wenn jemand auf der Straße lebt, dann ist er halt zu blöd, sich um eine Wohnung zu kümmern. Wenn jemand seine Beziehungen nicht auf die Reihe kriegt, dann hat er vermutlich ein Charakterproblem. Du musst nur wollen, dann wird das schon. Tschakka!“ Ich glaube allerdings, dass es mit dem Lebenshunger anders ist. Aber das kommt noch. Über Jesus jedenfalls heißt es schon bei diesen antiken Hunger-Games: „Jesus sah die Menge, und es jammerte ihn, denn sie waren wie Schafe, die keinen Hirten haben." Es könnte sein, dass wir unseren Lebenshunger nicht selbst stillen können.

Spannend finde ich auch den Impuls der Jünger, direkt zu rufen: „Jesus, schick du sie weg!" Äh! Warum machen die das nicht selbst, die faulen Typen? Antwort: Weil wir immer denken: „Dafür ist doch irgendjemand anders zuständig." Und in letzter Instanz natürlich: „Houston, we have a problem, beziehungsweise Gott, wir haben ein Problem, es wäre schön, wenn du dich darum kümmern würdest." Kann sich da bitte mal jemand drum kümmern: die Regierung, die Gesellschaft, meine Partnerin, mein Partner, die Lehrer, meine Chefin ... was weiß ich. Es gibt eine fatale Neigung dazu, bei Problemen, zu rufen: „Hey, kümmert euch mal!" Und jetzt passiert's:

3. Jesus sagt: „Nö! Das ist euer Job!"

Na toll. Wörtlich sagt Jesus: „Gebt ihr ihnen zu essen!" Also: nichts mit die Leute wegschicken und sich selbst überlassen. Ja, könnte es sein, dass in dieser 2000 Jahre alten Geschichte ein brandaktueller Gedanke steckt: Die Herausforderungen dieser Welt, der Hunger der Menschen, die Probleme unseres Planeten: Das ist nicht die Aufgabe von irgendjemandem, das ist ... deine Aufgabe. Und meine. Leider. Könnte das sein? Und siehe da: Die Jünger reagieren genauso, wie ich es tue und wie es übrigens auch die meisten Gestalten der Bibel tun: Mose zum Beispiel sagt: „Ich doch nicht, ich war noch nie ein großer Redner!" Maria ruft (modern übertragen): „Was, ich, Leihmutter für Gott – äh, das kann doch gar nicht sein!" Jesaja behauptet: „Ach, für so einen Prophetenjob bin ich charakterlich nicht qualifiziert genug!" Und Petrus erklärt ängstlich: „Geh weg, Jesus, ich bin ein Sünder."

Spannend finde ich dabei: Wir hören den Satz Jesu eher negativ, dabei könnten wir ihn ja auch ganz positiv verstehen: „Gebt ihr ihnen zu essen", das heißt nämlich: „Ich bin überzeugt: Ihr könnt das. Du kannst das. Ich kann das. Du und ich: Wir können die Welt verändern. Ja, du und ich, wir haben das Zeug, um die Menschen satt zu machen." Jesus jedenfalls traut uns das zu. Dir und mir. Ist das nicht eine irre Zusage? Eine wundervolle Zumutung? Ein fantastisches Versprechen: Du und ich, wir können die Welt verändern. Das muss man erst mal glauben. Was den Jüngern total schwerfällt. Die fangen nämlich sofort an zu rechnen: „Wir haben noch etwa 200 Silbergroschen. Sprich: Selbst, wenn wir alles ausgeben, was wir besitzen, reicht es nicht, um diese Horde satt zu bekommen." Jesus, Mathe Grundkurs. Das klappt nicht. Doch jetzt kommt die entscheidende Botschaft dieser Geschichte:

4. Das Wunder lautet: „Du kannst die Welt mit dem verändern, was du hast."

Was hatten die Jünger? Fünf Brote und zwei Fische. Sprich: fünf mickrige Fischbrötchen. „Damit werden wir ja nicht mal selbst satt." Geschweige denn 15.000 Leute. Auch das ist so ein Reflex: „Was ich habe, reicht ja nicht mal für mich." Da wundert mich nicht, dass Jesus immer wieder betont: „Mensch, hab' keine Angst! Sorge dich nicht ständig um morgen." Entscheidend ist und bleibt die Zusage: „Du kannst die Welt verändern mit dem, was du hast." Und selbst wenn es nur ein Matjesbrötchen ist. Noch mal: Die zentrale Botschaft Jesu lautet: „Nehmt das, was ihr habt, und schaut, was dann geschieht." Wie gesagt: Das wahre Wunder ist nicht die „Fütterung der Raubtiere", das wahre Wunder besteht darin, dass Menschen einander satt machen können, obwohl sie selbst so wenig haben!

An dieser Stelle kommt eine für mich sehr eindrucksvolle Szene. Es heißt im Text nämlich: „Jesus nahm die fünf Brote und zwei Fische und sah zum Himmel." Toller Satz, finde ich! Jesus schaut gerade nicht auf das mickrige Bisschen in seiner Hand, sondern auf Gott. Das heißt: Er verändert seinen Blick, seine Wahrnehmung. Denn: Wenn du nur auf das schaust, was du hast, kriegst du Angst, wenn du dagegen auf Gott schaust, bekommst du eine neue Perspektive. Und Jesus macht damit zugleich deutlich: „Du musst es nicht allein schaffen. Wenn du auf Gott schaust und vertraust, dass der Himmel dir zur Seite steht, dann kannst du auch glauben, dass deine Gaben reichen." Wäre eine gute Übung: Bei allem, was ich tue, erst mal einen kurzen Blick in den Himmel werfen. Kurz vergewissern: Ich muss es nicht allein schaffen. Also: Sehen wir das Wenige, das wir vermeintlich haben, oder schauen wir zum Himmel – und darauf, was der Himmel möglicherweise daraus machen könnte und dass Gott in unserem Team ist?

5. Letzte Perspektive: Am besten geht das alles miteinander

Bevor die Jünger in die Menge ziehen, um ihre fünf Brote und zwei Fische zu verteilen, macht Jesus etwas Ungewöhnliches: Er teilt die Riesenmenge in Tischgruppen ein. Verrückt, oder? Warum macht er das? Ganz einfach: 15.000 Menschen sind eine anonyme Masse – in Tischgruppen dagegen kann man zur Gemeinschaft werden. In Tischgruppen kann man einander wahrnehmen. In Tischgruppen wird man zur Familie. Auch hier ein kleiner Tipp: Wenn ihr euch nachher was zu essen holt, dann setzt euch doch mal spontan in Tischgruppen zusammen. Am besten mit Leuten, die ihr noch nicht kennt. Ihr werdet erleben, wie schnell man da zur Gemeinschaft wird.

Deshalb passt es auch, dass es im Bibeltext heißt: „Jesus dankte, brach das Brot und gab es den Jüngern." Das sind für viele ganz vertraute Worte, die sie vom Abendmahl kennen. Und das ist kein Zufall! Den Autoren war es damals sehr wichtig, deutlich zu machen: „Schon mit diesen 15.000 Leuten feiert Jesus im Grunde ein Abendmahl." Denn ein Mahl, bei dem der Himmel mit dabei ist, bei dem Jesus dabei ist, ist immer ein Abendmahl. Und dabei entsteht eine ganz besondere Gemeinschaft derer, die erleben, dass etwas in ihnen satt wird. Die erleben, dass ihr Lebenshunger gestillt wird.

Das sind die fünf Perspektiven, die ich in dieser Geschichte von der Speisung der 5000 so faszinierend finde: Es geht 1. um den großen Lebenshunger, den ich sehr gut kenne und der gerade überall spürbar wird. Es geht 2. darum, dass es ein ganz menschlicher Reflex ist, dass wir wie die Jünger die Verantwortung für diesen Lebenshunger der Welt gerne delegieren möchten – „Sollen die sich doch kümmern" – und es geht 3. darum, dass Jesus deutlich macht: „Achtung! Den Lebenshunger der Welt stillen, das ist eure Aufgabe." Das ist meine Aufgabe … und deine. Und obwohl Menschen diese Verantwortung – das ist meine vierte Perspektive – schon seit Jahrtausenden gerne von sich weisen, weil sie daran zweifeln, dass sie für diese Aufgabe fähig genug sind, macht Jesus 4. deutlich: „Jede und jeder kann die Welt mit dem verändern, was sie oder er hat." Und 5. sorgt Jesus für Strukturen, in denen Menschen Gemeinschaft erleben und die Anonymität der Masse überwinden können.

Und wir könnten Teil dieses Geschehens werden: Vielleicht ist dein „Fischbrötchen" dein wunderbares Lächeln, das andere fröhlich macht, oder deine Fähigkeit zuzuhören, dein Talent, Probleme zu lösen, dein Optimismus, der andere ansteckt, deine Begabung, kaputte Sachen zu reparieren oder dein Vertrauen, das Menschen Mut macht und und und. Lauter kleine Dinge, die große Wirkung entfalten können, wenn wir den Blick zum Himmel wenden. Wenn wir glauben können, dass Gott mit in unserem Team ist. Dann passieren Wunder. Das will uns diese Geschichte erzählen.

Apropos Wunder: Viele finden ja, dass wir heute, im 21. Jahrhundert, relativ wenige Wunder erleben. Nun, das könnte auch daran liegen, dass wir den falschen Blick haben. Wie gesagt: Immer wieder haben Menschen gefragt: „Wie hat Jesus mit ein paar mickrigen Fischbrötchen so viele Leute satt bekommen?" Das ist eine nette Frage, aber um die geht es hier gar nicht. Noch mal: Das eigentliche Wunder ist, dass die Jünger, die eben noch daran gezweifelt haben, dass sie in der Lage sind, Menschen satt zu machen, losgehen und es wagen. Und dass sie erleben: Es funktioniert. Vor allem aber: Dieses Wunder kann immer wieder passieren. Zu allen Zeiten. Ob bei einem Eselkarren-Gottesdienst im Frühling des Jahres 30 oder bei einem Motorradgottesdienst im Juli 2023.

Im Text heißt es: „Sie aßen alle und wurden alle satt." Aber es geht noch weiter. Und das ist quasi das Sahnehäubchen der Geschichte.

Denn: Auch die, die austeilen, werden satt. Ja, mehr noch: Es bleiben am Ende sogar 12 Körbe voller Essen übrig. Für jeden Jünger ein Korb. Mit anderen Worten: Auch diejenigen, die austeilen, haben am Ende mehr als am Anfang. Viel mehr sogar. Die 12 Körbe stehen dabei nicht nur für die 12 Jünger, sondern auch für die 12 Stämme Israels. Das Bild sagt also: Alle Volksstämme, das gesamte Volk, können satt werden – wenn jede und jeder das einbringt, was sie oder er hat. Und: Die Angst, es könnte für uns nicht reichen, ist absurd. Wer das einbringt, was er hat, bekommt viel mehr zurück, als er gegeben hat. So jemand erlebt tatsächlich, dass sein Lebenshunger gestillt wird. Amen.

Fabian Vogt

Andacht zu Musik als Gebet

Wünsch dir was

Mitten in Corona starteten wir eine Aktion und fragten Leute nach Liedern, die ihnen Hoffnung geben. Daraus bastelten wir eine Spotify-Playlist, die genauso bunt war wie die Menschen, die geantwortet hatten. Damals begegnete mir eine der vielen Neuauflagen eines alten Songs, den ich noch aus meiner Jugend kannte.

In den 90ern brachten die Toten Hosen das Lied „Wünsch Dir was" heraus. Sie sangen von einer utopisch schönen Welt, „in der das Wünschen wieder hilft". Mit ihrer Hoffnungsperspektive sprachen sie vielen Menschen aus dem Herzen. Die Kirchenbubble freute sich über ein weiteres Lied der Punkband, das religiöse Dimensionen aufmachte, und sprachen von Paradiesvorstellungen. Was eingefleischte Fans schon lange wussten, bestätigte Frontsänger Campino allerdings in den 2000ern: Das Lied war ironisch gemeint. Die Hosen verstehen sich als Menschen im Hier und Jetzt. Sie lassen sich nicht vertrösten auf irgendwelche Zukunftshoffnungen.

Dennoch geht Campino sehr entspannt damit um, dass sein Lied Menschen Hoffnung gegeben hat. Er weiß darum, dass er seine Lieder frei gibt, wenn sie veröffentlicht werden. Die Hosen haben über die Jahre viel schlimmere Verwendung ihrer Lieder über sich ergehen lassen müssen (Google mal „Wahlparty CDU An Tagen wie diesen").

Eine weitere Verwendung von „Wünsch dir was" sind die Interpretationen anderer Bands. Damals, während Corona, wurde mir die Version von Genetikk zugeschickt. Sie texten neben die ironisch himmlischen Vorstellungen der Hosen ihre abgeklärte Sicht auf eine Welt voller Krisen hinzu. Sie halten am Ende aber weder Ironie noch Realität aus und stellen der Wunscherfüllung folgende Zeilen zur Seite: „Das Leben ist kein Wunschkonzert, doch jedes Leben ist ein Wunderwerk, du musst dran glauben, dann erfüllt sich das. Denke nach, bevor du's machst, und wünsch dir was".

Eine Übung: Welches Lied oder welches Musikstück gibt dir Hoffnung? Was machst du an, wenn es dir richtig mies geht? Könntest du sagen, warum genau dieses Lied dir hilft? Kannst du es sogar aufschreiben? Musik hat ja viele Aspekte. Da gibt es Text, Melodie, Erinnerungen, die nur du mit diesem Lied hast ... Musik kann auf jeden Fall auf ganz anderen Ebenen zu dir sprechen, als es z. B. mein Gerede hier je schaffen würde.

Deswegen hat Musik auch mit Gott zu tun. Ich meine alle Musik, nicht nur die, in der Gott explizit vorkommt. Denk nochmal an das Lied, das dir Hoffnung gibt. Das hat ja irgendjemand geschrieben. Und dieser Mensch ist ein Geschöpf Gottes, das von ihm begabt wurde. Wie genial! Kann also dein Hoffnungslied vielleicht zu einem Gebet werden? Manchmal brauchst du auch zum Beten keine Worte. Sing, hör oder tanz dein Lied und guck mal, wo und wie Gott mitsingt, -hört und -tanzt.

Aber eine Warnung muss ich geben: Wir Menschen sind frei, mit Gottes Gaben so umzugehen, wie wir wollen. Also können Menschen auch Musik machen, die in den Krieg führt, die Menschen gegeneinander aufhetzt und die mehr Hass als Liebe sät. Hier marschiert Gott nicht mit, sondern läuft weinend nebenher.

In Psalm 150 werden wir aufgefordert, Gott mit Instrumenten der Zeit des Psalmbeters zu loben. Ich glaube, dem Betenden war egal, welche Instrumente man benutzt. Ich glaube auch, dass die Menschen, deren Erfahrungen wir in der Bibel finden, ein weites Herz haben hinsichtlich dessen, was es heißt, Gott zu loben. Das müssen nicht immer fein gesetzte Worte sein. Das können auch schiefe Akkorde auf der Gitarre sein und gestammelte Gebete.

Gott will Gemeinschaft mit uns. Wenn wir dafür Bilder, Sätze und Gedanken nutzen, die Menschen in Lieder gegossen haben, hat er sicher nichts dagegen. Also: Ja, ich glaube, dass eine bessere Zeit kommt, „in der das Wünschen wieder hilft". Gott erfüllt nicht alle unsere Wünsche, aber bei ihm sind sie gut aufgehoben. Amen!

Anna Böck

Anleitung Flechtritual

Ritual bei Segenshochzeiten

Einleitung zum Segensritual

Ihr habt euch Bänder ausgesucht. Das Segensband soll eure Liebe sichtbar machen, auch für euch. Was euch miteinander verbindet und euch heilig ist. Wie ihr in Bewegung seid, voll Hoffnung und Liebe. In der Bibel heißt es: „Über alles aber zieht an die Liebe, die da ist das Band der Vollkommenheit." (Kolosser 3,14 – Luther 2017.)

Wenn ihr heute Ja zueinander sagt, bestärkt ihr euch gegenseitig und zeigt, dass ihr zusammengehört. So, wie ihr seid. Mit allem, was euch ausmacht. Die göttliche Liebe umfasst alles und hält uns.

(drei Bänder zeigen) Zwei Bänder stehen für euch, ein Faden für die göttliche Kraft, die aus zweien eine Einheit oder noch mehr macht – eine Kraft, die euch begleitet. Durch das gemeinsame Erleben von Höhen und Tiefen wächst das Band der Liebe zwischen euch.

Wohin es geht, das ist offen und beweglich. Alles sei getragen von Gott.

Segensritual
(möglichst ohne weitere Erklärungen)

Zum Zeichen flechtet ihr euer Band.
Mit den Worten, die wir euch vorsprechen:

*Pfarrer*in spricht vor:*
Ich flechte mein Leben in deines und meine Liebe mit hinein.

Person 1 wiederholt:
Ich flechte mein Leben in deines und meine Liebe mit hinein.
—> flechten

*Pfarrer*in spricht vor:*
Ich freue mich über dich und bin dankbar, mit dir zu leben.

Person 1 wiederholt:
Ich freue mich über dich und bin dankbar, mit dir zu leben.
—> flechten

*Pfarrer*in spricht weiter:*
Mit dem Band der Liebe verbinden wir uns.

Person 1 wiederholt:
Mit dem Band der Liebe verbinden wir uns.
—> flechten

Seitenwechsel und das Ganze noch einmal mit der anderen Person.

Segen

Segensbüro Berlin

Predigt für einen Fußball-Gottesdienst

Das Wunder von Bernd

Das „Wunder von Bern" – so heißt seit dem Jahr 1954 der knappe Sieg der Deutschen im WM-Finale über die Favoriten Ungarn. Ein besonderer Moment für die verletzte deutsche Seele. Dieses Wunder von Bern hat wieder ein Wir-Gefühl geschaffen. Der Underdog gewinnt – der David gegen den Goliath des damaligen Fußballs. Das Wunder von Bern.

Oder das Sommermärchen von der WM in Deutschland damals – ein ganzes Land in Schwarz-Rot-Gold ... und bald geht es wieder los. Und wir spüren es schon langsam. Bei Rewe, im Duplo und bei panini gibt es Bildchen von Fußballern, die man sammeln kann, überall gibt es schwarz-rot-goldene Fähnchen und Hüte, Nasen, Perücken und was weiß ich was.

Und jetzt auch noch ein Gottesdienst mit dem Thema? Ich oute mich hier als leidenschaftlicher Fußballfreund. Ich schaue gern Fußball – am Fernseher oder im Stadion. Ich bin ein Fan einer bestimmten Mannschaft – ich sage lieber nicht, welche das ist, sonst gibt's Ärger. Ich bin sogar Vorsitzender von einem Fanclub und gleichzeitig Pfarrer. Und ich entdecke immer wieder Punkte, an denen der christliche Glaube und der Fußball zusammenpassen oder zumindest Ähnlichkeiten aufweisen. Mal ein paar Beispiele:

Wenn man bei einem Fußballspiel im Stadion ist, dann erlebt man eine bestimmte Zeremonie, die immer gleich ist: die Lieder, die Ansagen, es gibt Fahnen, dann der Einzug der Fußballer. Das ist eine Zeremonie, ja, eine Liturgie. Mit Wechselgesängen zwischen Vorsänger und Fußballgemeinde, fast wie in der Kirche, nur dass in der Kirche leider oft weniger leidenschaftlich gesungen wird. Aber ich erlebe auch, dass der „Anheizer" im Stadion sich immer wieder beschwert, dass nicht gut genug mitgesungen wird. Vielleicht bräuchten wir sowas auch in der Kirche. Man könnte etwa die trinitarische Formel leidenschaftlicher rufen – die Pfarrerin ruft: „Im Namen des …" und alle gemeinsam dann: „VATERS." Im Namen des VATERS. Im Namen des SOHNES. Im Namen des HEILIGEN GEISTES. Amen.

Es gibt auch viele Fragen, die im Fußball auftauchen und uns auch im Leben beschäftigen:

- Wie gehen wir mit Niederlagen um, wie sehen wir Siege im Leben?
- Bekommen wir von anderen Menschen oder auch von Gott mal die gelbe Karte als Verwarnung, vielleicht gibt es manchmal sogar die rote Karte?
- Was sind die Spielregeln des Lebens?
- Foulen wir manchmal andere? Oder werden wir gefoult?
- Stehen wir manchmal im Abseits?
- Haben wir für unser Leben einen guten Trainer? Wer hat mich trainiert auf meinem Lebensweg? Mich gefördert, aber auch gefordert?

Fußball und Glaube – das passt gut zusammen. Wir sehen auch immer wieder katholische Fußballer, die sich vor ihrem Einsatz bekreuzigen. Und es ist Fakt, dass es wenige Dinge gibt, die Menschen so sehr bewegen und überall auf der Welt präsent sind, wie eben jenes lederne Abbild der Erde und wie der Glaube an Jesus Christus. Mein Lehrpfarrer in meiner Ausbildungsgemeinde ist auch ein großer Fußballfan und regelmäßig im Stadion – und wenn dann die Saison zu Ende war, hat er immer traurig gesagt: „Jetzt kommt die trostlose Zeit ohne Fußball." Trostlos ... Fußball also als Trost. Als Ausgleich.

Mancher Fromme sagt jetzt: „Im Fußball hauen die sich aber!" Das ist richtig. Aber die Kirche ist auch nicht frei von Fouls, nicht nur in der Geschichte. Es kommt auch heute mal vor, dass man einander im Kirchenvorstand in die Beine grätscht oder dass der Pfarrer jemandem auf die Füße oder auf den Schlips tritt. Auch in der Kirche, in der Gemeinde gibt es Fehltritte und Abgründe.

Jesus hat seine Mannschaft zusammengestellt, als er seine Jünger berufen hat: „Als Jesus aber am Galiläischen Meer entlangging, sah er Simon und Andreas, Simons Bruder, wie sie ihre Netze ins Meer warfen; denn sie waren Fischer. Und Jesus sprach zu ihnen: Folgt mir nach; ich will euch zu Menschenfischern machen! Sogleich verließen sie ihre Netze und folgten ihm nach." (Matthäus 4,18-20 – Luther 2017.) Jesus hatte 12 Jünger, einen mehr als eine Fußballmannschaft, aber wenn wir das Wirken von Jesus im Neuen Testament anschauen, erkennen wir in ihm einen guten Trainer.

Ein Rabbi, der auch einen guten Fußballtrainer abgegeben hätte, hat einmal gesagt: „Ich weiß genau, dass meine Schüler immer machen, was ich von ihnen verlange." Warum er sich da so sicher sein könne, wurde er gefragt. „Weil ich ihnen immer nur das aufgebe, wozu sie sich imstande fühlen, und manchmal ein bisschen mehr, damit sie über sich hinauswachsen." Das zeichnet eine gute Trainerin aus, dass sie den Spieler da abholt, wo er ist, bei dem, was er kann und dann darauf aufbaut. Und genau das macht Jesus. Er sieht die Männer bei der Arbeit, die sie können. Er traut ihnen aber mehr zu als das, was er sieht. „Ihr seid Fischer. Werdet Menschenfischer", sagt er. Auf ihren Kenntnissen baut er auf und macht sie neugierig auf eine neue Aufgabe. Etwas, das sie schon können, wird erweitert. Fischer werden zu Menschenfischern. Auf diese Weise kommen 12 Mitspieler zusammen.

Unter denen fordert Jesus unbedingten Teamgeist: Als sie sich streiten, wer der Beste von ihnen wäre, da sagt Jesus in Markus 9: „Wenn jemand will der Erste sein, der soll der Letzte sein von allen und aller Diener." (Markus 9,35 – Luther 2017.)

Er bringt ihnen den Fairnessgedanken bei. Denn in der Bergpredigt Matthäus 7 steht: „Alles nun, was ihr wollt, das euch die Leute tun sollen, das tut ihnen auch!" (Matthäus 7,12 – Luther 2017.). Ein andermal kann er aber auch selbst foulen: Als er die Tische der Wechsler und Händler im Tempelhof umwirft und die Leute mit Gewalt rauswirft. Da ist also auch viel Leidenschaft und Emotion. Jesus hat auch Tricks auf Lager.

Andere stellen ihm eine Falle, und er verwandelt sie in ein Eigentor für seine Gegner. Zum Beispiel bei der Heilung am Sabbat: Darf man am Sabbat arbeiten? Nein? Dann darf auch dem Mann mit der verdorrten Hand nicht geholfen werden! So sagen die Gegner. Jesus heilt ihn trotzdem: Der Mensch ist nicht für die Einhaltung der Feiertagsruhe da, sondern die Feiertagsruhe ist gemacht, damit der Mensch an Körper und Geist gesund wird.

Einmal wollen sie ihn gegen die Römer ausspielen (nachzulesen in Matthäus 22,15-22): „Ist es richtig, dass wir dem Kaiser Steuern zahlen?" Wenn Jesus sagt: „Ja, das sollten wir tun", dann entlarvt er sich als Freund der römischen Besatzungsmacht. Sagt Jesus: „Nein", dann hat er sofort die Behörden am Hals, die diese Steuern haben wollen. Eine Falle. Aber Jesus lässt sich eine Münze zeigen: „Welches Bild ist denn da drauf?", fragt er. Und da ist eben das Bild vom Kaiser drauf. „Ja, dann gebt dem Kaiser doch seine Münze. Als fromme Juden dürft ihr ohnehin keine Bilder besitzen." Eigentor!

Die Jünger tappen auch immer wieder in Fallen, müssen erst dazu lernen. Jesus als Trainer begleitet sie, ermahnt sie. Zum Beispiel als sie im Schiff auf stürmischer See vor Angst den Kopf verlieren, ruft Jesus: „Was seid ihr so furchtsam? Habt ihr noch keinen Glauben?" (Markus 4,40 – Luther 2017.)

Aber wenn sie etwas richtig machen, werden sie auch gefördert und gelobt. Als Petrus erkannt hat, dass Jesus Gottes Sohn ist, heißt es: „Selig bist du ... und auf diesen Petrus-Felsen will ich meine Gemeinde bauen." (Matthäus 16,16-18 – Luther 2017.)

Jesus, der gute Trainer, traut seinen Jüngerinnen und Jüngern etwas zu und sendet sie in die Welt: „Und er rief die Zwölf zu sich und fing an, sie auszusenden je zwei und zwei, und gab ihnen Macht über die unreinen Geister. Und sie zogen aus und predigten, man solle Buße tun, und trieben viele böse Geister aus und salbten viele Kranke mit Öl und machten sie gesund." (Markus 6,7.12 – Luther 2017.)

Er gibt den Jüngern auch eine Chance, sich zu bewähren. Das heißt: Jesus kann abgeben. Er muss nicht auf Teufel komm raus selber die Tore schießen und den Ruhm einfahren. Auf die Mannschaft kommt es an, auf das Teamplay.

Jesus hat auch die Nachwuchsgewinnung im Blick: „Gehet hin und machet zu Jüngern alle Völker: Taufet sie auf den Namen des Vaters und des Sohnes und des Heiligen Geistes und lehret sie halten alles, was ich euch befohlen habe. Und siehe, ich bin bei euch alle Tage bis an der Welt Ende." (Matthäus 28,19.20 –Luther 2017.) So sind schließlich auch wir Nachwuchsspieler in dieser Mannschaft geworden. Manch einer ist Spielmacher, ständig auf dem Platz, gestaltet das Spiel, trifft Entscheidungen. Manch einer ist immer gerade da, wo er gebraucht wird. Manch einer sitzt eher auf der Bank, aber auch die Leute auf der Bank sind wichtig für den Teamgeist. Es geht auch darum, sich gegenseitig anzufeuern.

„Dabei sein ist alles", heißt es im Sport, und das gilt auch für den Glauben. Wie ich mich einbringe, das ist individuell und persönlich. Je nach meinen Gaben und Fähigkeiten. Vor einigen Jahren ist ein Buch veröffentlicht worden, das hieß „Not a fan" – also: „Kein Fan". Es gab sogar Armbändchen, die nach außen bekannt haben: „Ich bin kein Fan." Der Autor wollte sagen: Im christlichen Glauben geht es nicht darum, Fan von Jesus zu sein, sondern darum, Nachfolger zu sein. Es gibt viele Fans von Jesus. Die sagen: „Das war ein guter Mann, wir finden es toll, was er gemacht hat. Wir finden toll, was Gott tut. Wir klatschen und singen – wie Fans. Aber wir sind nicht Mitspieler."

Gott will Nachfolger und Nachfolgerinnen, er ruft in die Nachfolge und nicht in die passive Zuschauerrolle. Das Schöne ist, dass wir einen tollen Trainer haben, nämlich Jesus, der uns auf diesem Weg begleitet. Und dann erleben wir vielleicht auch das ein oder andere Wunder. Nicht das Wunder von Bern, sondern das Wunder von Bernd ... oder wie auch immer du heißt und wo auch immer du bist. Gott ist immer bei uns, bis ans Ende dieser Welt. Gott ruft dich in sein Team – Jesus ist ein guter Coach – und verspricht seinen Heiligen Geist, der uns mit Teamgeist zusammenführt. Amen

Michael Wolf

Szene zum Dorfjubiläum

Zeitreise nach Landefeld

Rollen: Zeitreisender, Zeitungsjunge, Bauer 1, Bauer 2

Am Ende der Begrüßung kommt der Zeitreisende in die Kirche, spricht verschiedene Gemeindeglieder in den Reihen an. Anschließend wendet er sich an den Zeitungsjungen.

Zeitreisender: *(spricht GoDi-BesucherIn an; zu sich murmelnd)* Ob ich hier richtig bin? *(schaut sich die GoDi-Besucher ganz genau an; sieht den Zeitungsjungen vorne beim Altar, wendet sich ihm zu)*

Zeitungsjunge: *(mit Zeitung in der Hand)* Extrablatt! Landefeld im Ausnahmezustand! Extrablatt! Landefeld feiert Jubiläum! Extrablatt! Straße fast fertig geworden!

Zeitreisender: *(kommt beim Jungen an und spricht ihn an)* Entschuldigung! Wo bin ich denn hier gelandet?

Zeitungsjunge: Häää? In Landefeld? Willste n'ne Zeitung?

Zeitreisender: *(schaut sich die Zeitung an)* 17.08.2019? *(murmelt leise vor sich hin)* Dann funktioniert die Zeitmaschine ja tatsächlich! *(holt den Flyer hervor)* Hier ... *(zeigt ihm den Flyer)* ... ich habe diesen Flyer auf meinem Dachboden gefunden. Muss von meiner Urgroßmutter sein, die hier wohl als Kind gelebt hat ... eine gewisse Marie-Luise Schümers. Ich war neugierig auf das Fest und habe mich gleich auf den Weg gemacht – 80 Jahre in die Vergangenheit.

Was ist das denn für ein großes Fest? Der Flyer ist ja schon etwas ausgeblichen ...

Zeitungsjunge: Wir feiern Dorfjubiläum! Das wird richtig gut mit Festgottesdienst, Tanzabend und am Sonntag einem schönen Dorfrummel.

Zeitreisender: *(neugierig)* Das klingt gut. Aber sag mal: Wann wurde das Dorf Landefeld denn gegründet?

Zeitungsjunge: Die erste urkundliche Erwähnung war 1343.

Zeitreisender: Kannst du mir noch mehr über die Geschichte erzählen?

Zeitungsjunge: *(genervt)* Ach nee. Aber wofür hast du denn eine Zeitmaschine?

Zeitreisender: *(zu den GoDi-Besuchern)* Dann mache ich mich mal auf den Weg. Am besten fange ich ganz am Anfang an.

Zeitreise

Zwei Bauern stehen mit Utensilien (Rechen/Harke ...) herum und unterhalten sich. Zeitreisender kommt dazu.

Zeitreisender: Seid gegrüßt, ihr Herrn!

Bauer 1: Hää? Wir sind doch keine Herrn! Wir sind einfache Bauern. Aber seid auch gegrüßt, Fremder!

Zeitreisender: Lebt ihr hier in Landefeld?

Bauer 2: Wir versuchen es, aber das Land macht es uns nicht gerade einfach.

Zeitreisender: Wie meint ihr das?

Bauer 1:	Na ja, der Ort macht seinem Namen alle Ehre. Es ist und bleibt ein „sumpfiges Fleckchen Erde“: „Lande“ ist nämlich ein anderes Wort für „Sumpf“.
Bauer 2:	*(zeigt nach links und dann nach rechts)* Der Metzebach und der Landebach treffen hier im Ort aufeinander. Und sie sorgen regelmäßig für schlimme Überschwemmungen.
Zeitreisender:	Habt ihr denn Landefeld gegründet?
Bauer 1:	Nein, meine Familie lebt hier schon seit vielen Generationen, aber mehr weiß ich auch nicht ... *(zum Bauern 2)* Du etwa?
Bauer 2:	Nee, keine Ahnung ...
Zeitreisender:	Vielen Dank. Es war nett bei euch. Aber leider muss ich wieder gehen. Aber ich sag euch noch so viel: Ihr werdet nicht die letzten Landefelder sein, die über Hochwasser klagen. Lebt wohl!
Bauern 1+2:	Ihr auch!

Michael Schümers

Motto-Lied zum Dekanatskirchentag

„Hoffentlich" – ein Lied, das Mut macht

Text und Musik: Fabian Vogt

Blick in die Zukunft

Ob es uns gefällt oder nicht: Wir leben in einer Event-Kultur. Umso erfreulicher ist es zu sehen, dass die in diesem Buch vorgestellten Modelle auch in einer solchen Event-Kultur hervorragend funktionieren. Sie lassen sich auf veränderte Rahmenbedingungen ein, so wie sich die Kirchen seit 2000 Jahren immer wieder mit den kulturellen Entwicklungen der Gesellschaft auseinandergesetzt haben.

Ja, mehr noch: Wir sehen, dass die Kirchen von der Event-Kultur nicht nur etwas lernen, sondern auch etwas dazu beitragen können. So wie Jesus selbst sehr genau wusste, wie man das Evangelium in unterschiedlichen öffentlichen Settings kommuniziert. Man könnte sogar sagen: Es wird höchste Zeit, dass die Kirche, die ja jahrhundertelang im Bereich Event-Kommunikation der absolute Trendsetter war, wieder proaktiv wird und lernt, selbst zukunftsfähige Kommunikationskonzepte zu entwickeln.

Dabei zeigen die in diesem Buch präsentierten Sakral-Events, dass es schon lange nicht mehr nur die eine Form des Gottesdienstes gibt – einfach, weil die jeweiligen Anlässe und Zielgruppen einen derart großen Einfluss auf die Gestaltung der Events haben, dass diese gar nicht in der immergleichen liturgischen Gestalt funktionieren würden. In der Theologie spricht man deshalb heute gerne von einer „Mixed Economy“ der Kirche … oder sogar einer „Mixed Ecology“ (einer gemischten Ökonomie oder Ökologie), also davon, dass die Zukunft der Kirche von der Vielfalt der Formen geprägt sein wird.

Das ist auch gar nicht tragisch, solange es nicht Christinnen und Christen gibt, die anderen die Gottesdiensthaftigkeit ihres Tuns absprechen – oder ihre eigene Form des Feierns als einzig wahre und hochwertige ansehen. Da bekommt der Satz Jesu „Im Haus meines Vaters sind viele Wohnungen“ noch einmal ganz neue Brisanz. (Johannes 14,2 – Luther 2017.) Denn vielleicht ist das ja nicht nur eine quantitative, sondern auch eine qualitative Aussage. Nicht alle Wohnungen im Haus Gottes müssen gleich aussehen.

Für die Kirchen sind Gottesdienste im öffentlichen Raum, die sich auf die Welt ihrer Rezipienten einlassen, zugleich eine starke Gelegenheit, zu zeigen, dass Glaubende eben nicht einer geschlossenen Parallelwelt leben, sondern dass ihr Glaube in den vertrauten Lebensbezügen aller Menschen relevant ist. Und nur wenn solche Schnittmengen mit der Zivilgesellschaft existieren, können die Kirchen mit ihrer Botschaft überhaupt prägend sein. Solange sie sich in ihre kirchlichen Gebäude zurückziehen, müssen sie sich nicht wundern, dass sie einen Bedeutungsverlust erleben.

Das Einlassen auf den öffentlichen Raum bedeutet dabei nicht, dass Christinnen und Christen sich von nun an vor allem gesellschaftspolitisch zu irgendwelchen Themen äußern sollten, im Gegenteil: Die Menschen erwarten von den Kirchen ja nicht als Erstes, dass diese das Weltgeschehen kommentieren (wie es so viele andere tun), sondern dass sie zeigen, wie ein Handeln aus dem christlichen Glauben heraus das Weltgeschehen verändern könnte.

Wer Event-Gottesdienste feiert, ist sich meist bewusst, dass solche Veranstaltungen Highlights sind – keine regelmäßigen Angebote, die etwa jede Woche stattfinden könnten. Umso wichtiger ist es, ihre Rolle im Prozess des Vertrautwerdens mit dem Glauben zu reflektieren. Denn was passiert mit Menschen, die durch eine solche Erfahrung neue Impulse oder neues Interesse am christlichen Glauben bekommen haben?

Zur Zukunft von Event-Gottesdiensten gehört deshalb ein Bewusstsein für deren Einbettung in einen größeren Zusammenhang. Sei es durch die Möglichkeit, später noch zu den Besucherinnen und Besuchern Kontakt aufzunehmen, durch weiterführende Konzepte (Glaubenskurse, Hauskreise, Kennenlern-Abende u. v. m.) oder durch andere sogenannte FollowUp-Ideen, die Menschen auf ihrem Weg zum Glauben unterstützen. Denn wer Event-Gottesdienste anbietet, wünscht sich doch, dass diese bleibende Impulse geben.

Könnte es sein, dass „Zwischen Beffchen und Bierzelt“ ein heiliger Raum existiert, den wir nur neu erschließen müssen? Dieses Buch ist eine kleine Entdeckungsreise in die sakralen Sphären des öffentlichen Raums. Und alle Beteiligten sind sich sicher: Sie sind Orte der Gotteserfahrung. Los geht's!